MÉTHODE

simple et pratique

POUR

LA COUPE ET LA CONFECTION

DE TOUS

LES VÊTEMENTS DE FEMME

MÉTHODE

simple et pratique

POUR

LA COUPE ET LA CONFECTION

DE TOUS

LES VÊTEMENTS DE FEMME

STRASBOURG

TYPOGRAPHIE DE G. SILBERMANN

1866

MÉTHODE

simple et pratique

POUR

LA COUPE ET LA CONFECTION

DE TOUS

LES VÊTEMENTS DE FEMME.

AVIS.

Ce petit livre a pour but d'enseigner, avec beaucoup plus de facilité et dans l'espace d'un mois, la profession de couturière en robes. Il offre aux ouvrières comme à toute personne désirant faire elle-même ses vêtements, une méthode facile et rationnelle à l'aide de laquelle on est mis promptement au courant des secrets du métier.

Jusqu'à présent on ne comptait pas moins de deux à trois ans d'apprentissage pour l'état de couturière, et au bout de ce temps l'apprentie savait réunir les différentes pièces d'un vêtement, mais n'avait aucune idée de la manière de le tailler ou de le préparer.

De là mille essais malheureux, quantité d'étoffe gâtée, dès que l'ouvrière avait quitté l'atelier de sa maîtresse et qu'elle était livrée à ses propres inspirations; ce n'est qu'après une assez longue expérience qu'elle acquérait un certain savoir-faire, en dehors de toute théorie.

Des personnes compétentes ont vu une grande utilité dans la propagation de cette méthode qui enseigne la pratique des meilleures ouvrières de Paris et présente ceci de nouveau qu'elle réunit *l'art de la coupe* à celui de *la confection*, deux branches bien distinctes, mais qui se complètent l'une l'autre, et facilitent singulièrement le travail de l'ouvrière. C'est dans l'espoir d'être utile à grand un nombre de personnes que je me suis décidée à publier ce petit essai, d'après lequel je me guide moi-même avec succès.

De l'art de la Coupe et de la Confection en général.

Il ne faut pas confondre la coupe ou fabrication des patrons dont nous nous occupons dans cette méthode, avec la coupe de l'étoffe sur laquelle on a posé un patron acheté ou découpé d'après un journal de modes quelconque. Outre que l'acquisition de ces patrons est assez onéreuse, ils deviennent inutiles s'ils ne sont pas appropriés exactement à la taille de la personne pour laquelle on veut les employer.

Sans doute on peut modifier ces patrons, les ajuster à toutes les tailles: mais c'est là que gît la difficulté: modifier un patron revient exactement à en faire un selon une taille particulière.

Ce livre est par conséquent indispensable aux abonnées des journaux de modes.

Pour arriver à ce but, c'est-à-dire réussir toujours à faire de bons patrons, et savoir en adapter de tout faits à diverses tailles, sans enlever à ces patrons leur forme première, leur cachet propre, il faut prendre certaines mesures sur le corps des personnes.

Un corsage plat montant peut servir aussi, mais ne remplace qu'imparfaitement les mesures prises sur le corps même.

On doit faire observer que ces mesures ne sont pas comprises de la même manière par tout le monde : les uns en indiquent d'incomplètes, d'autres d'inutiles, ou même des mesures erronées, qui embarrassent et créent des difficultés de nature à faire manquer complétement le vêtement.

Les mesures nécessaires à prendre pour faire soi-même avec la plus grande facilité toute espèce de patrons, sont indiquées soigneusement dans le chapitre suivant, et démontrées par des figures.

Pour être à même de confectionner les vêtements il faut savoir coudre; et nous n'avons pas la prétention d'enseigner ici la simple couture, qui ne peut s'apprendre que par la pratique, plus ou moins longue selon les aptitudes. Aucune théorie, aucune explication ne pourrait venir en aide à une personne à laquelle on n'aurait jamais appris à tenir et à manier une aiguille, qui n'aurait jamais fait un point de couture. Il faut qu'elle voie exécuter et exécute beaucoup elle-même, si elle veut acquérir une certaine habileté et la dexterité des doigts qui sont indispensables pour entreprendre avec succès la confection des vêtements. Il faut savoir faire au moins assez bien, les diverses sortes de coutures, qui ont un aspect si laid quand elles se retirent, c'est-à-dire quand elles se raccourcissent par la trop grande tension du fil; les boutonnières; attacher un cordon; assujettir un bouton; coudre une baleine, etc., etc.

Enfin pour nous résumer, plus on sera au fait de la couture en blanc, que d'ailleurs toutes les jeunes filles apprennent à l'école, mieux on saura confectionner les vêtements.

CHAPITRE PREMIER.

Mesurage.

Des mesures prises avec précision, telles que nous allons les indiquer, dépend l'exactitude de la confection du vêtement.

Pour prendre ces mesures, on se sert d'un mètre en ruban, divisé en centimètres et millimètres, et on les inscrit au fur et à mesure de la manière suivante : les longueurs en entier et les largeurs à la moitié : ainsi, si l'on trouvait pour une longueur ou hauteur 30 centimètres, on inscrirait 30 centimètres; et si pour une largeur on trouvait 40 centimètres, on n'inscrirait que 20 centimètres.

On agit ainsi, parce que la poitrine comme le dos représentant deux moitiés semblables, il suffit d'avoir la mesure de l'une des moitiés respectives pour obtenir l'autre moitié, par conséquent tout le devant et tout le dos.

Mesures de la robe et du devant du corsage.

1° *Longueur de la jupe, par derrière* (fig. 1). On pose une extrémité du mètre à la partie inférieure du dos au milieu de la taille (*a*), on le dirige obliquement en bas jusqu'à la longueur que devra avoir la robe, soit (*b*).

On mesure le devant de la robe depuis la taille (*c*) jusqu'aux pieds (*d*). Ces mesures s'indiquent en entier comme il est dit plus haut.

2° *Longueur du devant du corsage* (fig. 2). On pose le mètre à la naissance du cou (*a*), en le dirigeant (verticalement) en droite ligne jusqu'à la taille (*b*), qui doit être indiquée avec précision; sa place exacte se trouve au-dessus des hanches; si l'on tirait une ligne (*c c*), d'une hanche à l'autre, le milieu de cette ligne (*b*) serait le point où doit s'arrêter la mesure de la longueur du corsage.

3° *Largeur de la poitrine* (fig. 2). On pose le mètre d'un côté de la poitrine près du bras droit (*d*), on le dirige, sans le tenir trop tendu, en travers de la poitrine sur sa partie proéminente, vers le bras gauche (*e*). Cette mesure s'indique à la moitié.

4° *Hauteur de côté* (fig. 2). On pose le mètre sous le bras depuis l'aisselle (*e*), en le dirigeant directement jusque sur la hanche (*c*). Cette mesure se marque en entier.

5° *Tour de la taille* (fig. 2.) On entoure la taille avec le mètre, qu'on fait joindre devant, en laissant un intervalle de 4 centimètres (*b*). Se marque à la moitié.

Observation. Cet intervalle est nécessaire parce que la mesure est prise par dessus les vêtements et qu'on aime être un peu serré à la taille.

Hauteurs d'épaule. Il y en a deux.

6° *Première hauteur d'épaule* (fig. 2). On pose la mesure devant, au milieu de la taille (*b*), on la dirige obliquement par dessus l'épaule près du cou (*f*), jusqu'au bas du dos au milieu de la taille (fig. 3, *b*). Cette mesure s'indique en entier.

7° *Seconde hauteur d'épaule* (fig. 2). On pose le mètre au côté de la taille devant la hanche (*c*), on le dirige directement en haut par dessus l'épaule à l'articulation du bras (*g*), jusqu'au bas du dos au côté de la taille (fig. 3, *c*). Cette mesure se marque en entier.

8° *Entournure* (fig. 2). Glissant la mesure sous le bras, on la fait rejoindre, sans serrer au-dessus (*h*), près de l'épaule. Se marque en entier.

9e *Longueur de la manche* (fig. 2). Le mètre se pose sous le bras (*e*), et se dirige jusqu'au poignet (*i*). Cette mesure se marque en entier.

10e *Largeur du poignet* (fig. 2). On enroule la mesure légèrement au bout du bras (*i*), près de la main et on fait rejoindre. Se marque à la moitié.

Mesures du dos.

11e *Hauteur du dos* (fig. 3). Elle se prend depuis la nuque (*a*), jusqu'à la taille (*b*). Se marque entièrement.

12e *Largeur du dos* (fig. 3). On place le mètre au-dessous des omoplates, d'un bras (*d*) à l'autre (*e*), en tenant la mesure tendue. Cette mesure se marque à sa moitié.

13e *Largeur de l'épaule* (fig. 3). On pose le mètre à la naissance du cou (*h*), pour le diriger jusqu'au bas de l'épaule, à la distance de 2 centimètres sur le bras (*i*). Se marque en *entier,* parce qu'on ne mesure qu'une épaule.

14e *Largeur du cou* (fig. 3). On met le mètre très-légèrement autour du cou, et on le fait joindre (fig. 2, *a*). Pour le cou on marque deux mesures de la manière suivante : on plie la mesure prise, en trois parties, pour être marquée : 1o au tiers et 2e au sixième, qui est la moitié d'un tiers.

Voilà tout le mesurage nécessaire pour dessiner le patron d'un corsage plat montant, qui est la base ou le patron type de tous les vêtements.

Nous continuerons, pour l'application de ces mesures, l'ordre dans lequel elles ont été prises.

CHAPITRE II.

Manière de monter les robes.

J'appellerai jupe, la robe séparée du corsage, et jupon le vêtement plus ou moins simple qui se porte sous la robe.

La mode variant si souvent l'ampleur des jupes, on ne peut donner de règle fixe pour la quantité d'étoffe à employer, et le nombre des lés, qui varie suivant la largeur de l'étoffe; on peut dire seulement qu'il faut plus d'étoffe pour une jupe ronde que pour une jupe taillée en pointes.

Fig. 4. On entend par jupe ronde, celle qui se compose de lés qui ont la largeur de l'étoffe employée, et conservant partout cette largeur.

Fig. 5. On entend par jupe à pointes celle dont les lés étroits près de la ceinture, s'élargissent graduellement vers le bas. D'abord taillés en carrés longs, comme pour une robe ronde, ces lés sont ensuite pliés et coupés plus ou moins en biais (fig. 6); le lé de devant seul peut rester entier, ou taillé en pointes sur les côtés (fig. 7).

En mesurant la longueur des lés d'après la mesure prise au lé de derrière de la robe, on aura soin de donner en plus ce qu'il faut pour l'ourlet, quand c'est une étoffe légère, telle qu'indienne, mousseline, barége etc.; mais pour d'autres étoffes plus lourdes comme laine, soie, velours etc., on fait ordinairement un faux ourlet, soit de percaline, d'alpaga; de mousseline raide, quand l'étoffe doit être soutenue; dans ces cas on coupe simplement chaque lé de 1 ou 2 centimètres plus long que la mesure marquée, afin de pouvoir faire un petit rempli au haut de la jupe, près des fronces ou plis.

Fig. 8. Les lés coupés en pointes s'assemblent de la manière suivante : On met le lé droit ou biaisé sur les côtés pour le devant de la robe, on y réunit les autres, afin que le côté droit (*a*) d'un lé, soit cousu avec le côté biaisé (*b*) d'un autre, et ce côté biaisé doit être dirigé en arrière. Les deux derniers lés se coudront ensemble par les côtés biaisés. Il se formera au bas de cette couture une pointe, qu'on pourra arrondir et égaliser à volonté. (Ce lé de derrière pourrait aussi être laissé entier, c'est-à-dire carré, mais ce ne serait pas aussi gracieux.)

Quand tous les lés sont cousus ensemble et l'ourlet fait, on procède au montage : on se servira d'épingles pour marquer le milieu du devant de la jupe, qui est toujours le milieu d'un lé (fig. 9) et le milieu de derrière de la jupe; puis on maintient les deux parties ensemble, l'une derrière l'autre, de façon à marquer avec les épingles en même temps sur les deux moitiés de la jupe. La jupe ainsi préparée est pliée en trois parties : la première sera le devant (1), la deuxième le côté (2) et la troisième sera derrière (3). On prépare ainsi ainsi toutes les robes pour les monter.

Busquage (fig. 9). Il faut que toutes les jupes soient plus courtes devant que derrière ; afin d'obtenir ce raccourcissement selon la longueur marquée, on remplie ce qu'il faut au haut du lé de devant. Ce rempli ira en diminuant et se perdra sur la fin de la première partie ; mais si la robe doit faire traîne (queue), ce rempli se continuera et n'ira se perdre que sur le milieu de la deuxième partie.

Jupe froncée (fig. 10). La jupe ainsi busquée est froncée avec des *points devant* sur quatre fils : en comptant deux fils à partir du milieu de derrière (3) jusque sur les côtés (2), et deux fils à partir du milieu de devant (1) jusque sur les côtés (2) près des premiers fils. On serre ces fronces en tirant les fils, jusqu'à égale largeur du tour de la taille.

D'après cette dernière mesure on prépare le ruban (fig. 11) auquel doit être cousue la jupe ; on plie ce ruban-ceinture en trois parties aussi (si la jupe doit être attachée directement au corsage, c'est celui-ci qui doit être plié et marqué), et il faudra que chacune des trois parties de la robe, restées soigneusement marquées avec les épingles, soit cousue exactement dans chacune des trois parties correspondantes du ruban-ceinture. De cette manière on donne à la robe une rondeur parfaite, on la monte juste du premier coup et sans tâtonnements.

Observation. Si la jupe ne doit pas être fermée derrière, mais sur le côté, on prolonge le ruban-ceinture (fig. 12) de 4 ou 5 centimètres ; ce prolongement (*a*) ne sera pas compté, et restera en dehors de la division en trois parties, on y coudra à plat le bord de la jupe près de la fente, et cette partie croisera sous la partie supérieure de la ceinture, afin que, la robe étant fermée, la fente ne s'entr'ouvre point.

Jupes avec plis (fig. 13.) On plie la jupe en autant de parties qu'on désire de plis, ou chacune des trois parties autant de fois qu'elle doit avoir de plis (parce que souvent les plis ne sont pas égaux autour de la jupe), et l'on plie de même le ruban-ceinture.

Naturellement chaque pli de la robe (*fig.* 13) contient plus d'étoffe qu'un pli de la ceinture (fig. 14) ; on prend donc pour faire les plis de la robe la mesure des plis de la ceinture, et l'on plie le restant en une ou plusieurs fois derrière (*a*). Après avoir ainsi fixé les plis de la robe l'un après l'autre avec des épingles, on en vérifie la largeur avec le ruban-ceinture, puis on l'y attache comme il est dit plus haut, exactement chacune des trois parties de la jupe, restées soigneusement marquées avec les épingles, dans les trois parties correspondantes de la ceinture. Pour les jupes à pointes on aura soin de laisser la couture du milieu de derrière au-dessus du pli.

Robes plates (fig. 15). Ces robes se montent à la ceinture sans fronces ni plis, et sont forcément taillées en pointes. Pour cette façon on plie le ruban-ceinture en autant de parties que la robe a de lés, et l'extrémité étroite de chaque lé devra avoir la largeur d'un pli de la ceinture. On observera seulement que les deux lés de côté tombant sur les hanches devront être plus larges du haut que les lés de derrière, afin que les hanches s'y emboîtent pour ainsi dire ; car sans cette précaution les robes plates sont disgracieuses.

Les plis de la ceinture correspondant aux hanches, seront par conséquent de la même largeur que ces lés.

Variétés des robes plates. Souvent les robes ne sont plates que devant, ou devant et aux côtés; dans ces cas on mesure seulement les lés qui doivent rester plats, sur les plis de la ceinture, et le reste des lés se taillera plus large en haut, afin de pouvoir faire des plis.

La robe princesse qui est taillée tout d'une pièce, corsage et jupe, sera expliquée plus loin.

Voilà les principaux genres de jupes connus jusqu'à présent. D'après ces types, qu'on modifie à volonté, il est facile de faire toute espèce de robe, longue ou courte, les lés séparés du haut en bas, ou divisés du bas seulement; de découper, denteler de toute manière selon le goût particulier. On les garnit à volonté et selon les modes.

Si une robe ou un objet quelconque doit être garni de ruches ou de volants, on comptera pour la garniture le double de la largeur du vêtement si on la *fronce*, et l'on comptera le triple si on la *plisse*.

Jupons. Ils se taillent et se montent comme les robes, mais sont généralement moins amples; souvent ils dépassent celles-ci, et demandent alors un peu de recherche.

CHAPITRE III.

Dessin du patron du corsage plat montant.

Pour rendre la coupe de ce patron très-facile et l'explication claire, nous en donnerons d'abord le dessin par fragments, dans l'ordre suivi pour le mesurage, et après le patron complet.

Partie du devant. Ayant du papier devant soi, on y trace à droite une ligne (verticale) *a*, de haut en bas, ce sera la place des boutons ou agrafes; et au bas de cette ligne, de manière à former un triangle, on trace une ligne droite (horizontale) *b*, dirigée à gauche, qui figurera la taille (voy. fig. 16).

Après avoir tracé ces lignes préliminaires, on marque els différentes mesures dans l'ordre suivant (fig. 17).

1° *Longueur du milieu du corsage.* On la pose dans l'angle (*a b*) et on la dirige en haut, où l'on marque la mesure d'un point, soit (*c*).

2° *Largeur de la poitrine.* On pose la mesure contre la ligne du devant, à deux tiers à peu près au-dessus de la ligne horizontale de la taille, on la dirige vers la gauche pour la marquer d'un point (*d*).

3° *Hauteur de côté.* Posant la mesure sur la ligne de la taille (horizontale), on la dirige sous le point (*d*) de la largeur de la poitrine, pour vérifier d'abord si elle est marquée à bonne hauteur; sa véritable place doit être à la distance d'une couture (soit d'un centimètre) au-dessus de la hauteur de côté; puis celle-ci, reculée vers la gauche à un intervalle donné par la quatrième partie de la largeur de poitrine, s'indiquera d'un point (*e*).

4° *Première hauteur d'épaule.* On prend la moitié de cette mesure, qu'on pose au bas de la ligne (verticale) du devant (*a*), vers le haut de laquelle on la dirige obliquement à gauche, on la maintient à (*f*) de manière à ce que, prenant le sixième de la mesure du cou et le posant horizontalement au-dessus du point (*e*) de la longueur du devant, il touche la mesure maintenue de la première hauteur d'épaule, qu'on ne devra marquer qu'à la distance d'un centimètre, soit le point (*f*).

5° *Deuxième hauteur d'épaule.* On n'en prend que la moitié, qu'on pose à la taille près du point (*g*) de la ligne de côté, pour la diriger directement en haut, où, on la marque d'un point (*h*).

6° *Largeur d'épaule.* On la pose obliquement entre les points de la première et de la deuxième longueur d'épaule, dont c'est la place; cela servira en même temps à vérifier si la deuxième longueur d'épaule est marquée à bonne distance.

Ces différents points serviront à tracer les lignes du patron de la partie de devant du corsage, de la manière suivante :

Fig. 20. Une ligne courbe entre les points (*e f*) pour l'échancrure du cou;

Une ligne oblique entre les points (*f h*) pour la longueur d'épaule.

Une ligne oblique entre les points (*h d*), et de là, une courbe jusqu'à (*c*), pour l'échancrure de la manche.

Une ligne droite depuis le point (*c*) jusqu'au bas de la taille (*g*), pour la ligne de côté.

Le patron ainsi dessiné, on vérifiera l'échancrure de la manche, en prenant la moitié de la mesure de l'entournure, qu'on appliquera le long de l'échancrure (*h d c*); si elle était trop étroite, on écarterait la ligne de côté vers la gauche.

On vérifie également l'échancrure du cou, avec le tiers de la mesure posé entre les points (*f e*).

Coupe.

Règle générale. On découpe les patrons sur les lignes du dessin même. Mais en les appliquant sur la doublure ou sur l'étoffe, on y tracera d'abord les contours exacts avec de la craie ou à l'aide d'un faufilage, après quoi on taille l'étoffe à une certaine distance du tracé.

Pour les *devants* d'un corsage montant, on laissera à l'épaule un espace de 5 centimètres, et sur tout le pourtour un espace de 2 centimètres ; les échancrures du cou et de la manche se découpent près du tracé (fig. 19).

Remarque. Les personnes tant soit peu exercées ne se serviront pas du patron en papier pour ce corsage, mais le dessineront de prime abord sur la doublure même.

Il faut prendre la doublure double, de manière qu'en la taillant on ait du même coup les deux moitiés du devant du corsage, puisque le dessin du patron n'en représente qu'une moitié.

Taille à pointe. Si au lieu d'une taille ronde on voulait faire une taille à pointe, on plierait sous la ligne horizontale marquant la taille, l'étoffe nécessaire pour former la pointe : on ne découperait qu'après avoir ressorti ce surplus, pour tailler la pointe telle qu'on veut l'avoir (voy. fig. 19).

Les deux parties ainsi découpées sont pliées à la fois sur les lignes mêmes du tracé, afin que par ce pliage la moitié du devant qui est dessous ait aussi ses contours marqués, on les fixera immédiatement par un faufil.

Chaque partie de la doublure aura devant, entre la poitrine et l'encolure, un petit pli dans le sens horizontal (fig. 18), de 1 centimètre à peu près de profondeur, puis au-dessus on fait un petit pli vertical de 1 millimètre de profondeur. Ces deux plis seront d'autant plus profonds que la personne aura plus d'embonpoint ; ils servent à bien tendre le corsage et à éviter le creux, qui forme des plis disgracieux à cette place sans cette précaution.

La doublure ainsi préparée on y applique l'étoffe par un faufilage, qui suivra les lignes du tracé, pour la tailler ensuite sur les bords de la doublure.

Pinces (fig. 20). Pour les établir à la place convenable, on prend le tiers de la largeur de la poitrine, qu'on pose au bas de la ligne verticale du devant et qu'on marque à gauche du point (*a*). La hauteur de cette pince ne devra pas dépasser l'emmanchure et rester même beaucoup au-dessous pour les personnes fortes ; on la marquera d'un point, soit (*b*). On forme cette pince en faisant un pli à la taille près du point (*a*), il devra aller en diminuant, et se perdre à la hauteur du point (*b*). Un faufil maintiendra ce pli.

Pour la seconde pince, on appliquera encore une fois le tiers de la largeur de la poitrine par-dessus la première, et on la marquera d'un point (*c*), directement au-dessus, et vis-à-vis de la première pince, on marquera la hauteur de la deuxième d'un point (*d*), et l'on formera un pli pareil au premier.

Ces deux pinces devront être à égale distance l'une de l'autre : la deuxième de la première comme celle-ci du bord du corsage. Quand elles seront faites (fig. 21), on vérifiera la largeur de la taille sur la moitié de la mesure marquée (fig. 20), ce sera le quart du tour de la taille. (Les deux moitiés du devant, et les deux moitiés du dos représentent chacune un quart du tour de la taille ; de sorte que ces parties réunies formeront le tour entier de la taille.)

Si la taille des devants du corsage était trop large ou trop étroite, on diminuerait ou l'on augmenterait la profondeur des pinces.

On les fait droites aux corsages ronds, et pour les corsages à pointes on les fait descendre obliquement jusqu'au bout des pointes.

Dos.

1° *Longueur du dos* (fig. 22). Si l'on dessine sur la doublure ou si l'on y pose le patron de papier, on aura soin qu'elle soit double, et le côté fermé mis à main droite pour figurer la ligne droite verticale qui sera le milieu du dos. Au bas de cette ligne (*a*) on tirera une ligne horizontale formant triangle avec la première, et figurant la taille (*b*). A 2 centimètres de distance (*c*) au-dessus de cette ligne, on posera la longueur du dos, qu'on marquera en haut d'un point (*d*).

2° *Largeur du dos.* On pose la mesure vers le milieu de la ligne verticale et on la marque à gauche d'un point (*e*).

3° *Largeur de la taille.* On pose la moitié de la mesure de la taille marquée (ce sera le quart) au bas du dos (*c*), en pente sur la ligne horizontale et on la marque à gauche d'un point (*f*).

4° *Hauteur de côté.* On la pose près du point de la taille (*f*), et la dirigeant directement en haut, on la fait servir d'abord à vérifier si la largeur du dos est à bonne hauteur; elle devra être au-dessus, à la distance d'une large couture, c'est-à-dire de 1 1/2 centimètre; puis, maintenant la hauteur de côté à la taille (*f*), on la dirige obliquement à gauche, de manière à laisser le quart de la largeur du dos entre celui-ci et la hauteur de côté, qu'on marquera d'un point (*g*).

5° *Première longueur d'épaule.* On en prend la moitié, qu'on pose au bas de la ligne du dos (*c*), puis la dirigeant un peu obliquement en haut, on la maintient au point (*h*) pour pouvoir marquer la largeur du cou; le sixième de cette mesure posé au-dessus du point de la hauteur du dos (*d*) et dirigé horizontalement vers la première longueur d'épaule (*h*), devra être l'intervalle entre ces deux points (*d h*); ce dernier se marquera néanmoins à la distance d'une couture, c'est-à-dire de 1 centimètre vers la gauche (*h*).

6° *Deuxième longueur d'épaule.* On en prend la moitié, qu'on pose à la taille près du côté (*f*), on la dirige droit en haut, et la maintenant à (*i*), on prend la largeur d'épaule, qu'on pose en pente du point (*h*) au point (*i*), elle indiquera la place exacte de celui-ci.

Toutes ces mesures indiquées, on tire les lignes d'un point à un autre, comme le démontre la fig. 23: ce sera le patron de la moitié d'un dos plat.

Nota. Ainsi pour augmenter ou diminuer un patron quelconque sans le déformer, on se sert de points de repère: c'est-à-dire qu'on marque chaque mesure agrandie ou diminuée par des points en regard des mesures identiques (voy. fig. 24 et 24 *bis*); la ligne du devant et du milieu du dos ne changent jamais de place.

Pour tailler la doublure du dos, on laissera partout 2 centimètres d'étoffe, excepté aux échancrures du cou et de la manche, qui se coupent sur le tracé. Quand on déplie la doublure, la ligne de la longueur du dos en sera le milieu (fig. 25). Puis on fera un petit pli court, vers le milieu de l'emmanchure, où sans cette précaution il se forme toujours un faux pli.

Étoffe appliquée sur la doublure. On pose la doublure du dos sur l'étoffe pour l'y faufiler sur le tracé, qui est le contour exact du buste; puis on découpe l'étoffe d'après la doublure.

Cela fait, on forme les petits côtés (voy. fig. 25) en dessinant une ligne légèrement courbe depuis le milieu de l'emmanchure (*a*) jusqu'à la taille (*b*). Très-près de la ligne du milieu pour les personnes minces, un peu plus écartée pour une taille épaisse.

On soulèvera l'étoffe au-dessus de la doublure le long de cette ligne (*a.b*), on la replie et la faufile par dessus de la largeur à peine nécessaire pour l'y piquer.

Pour avoir les deux petits côtés exactement pareils, quand le premier sera dessiné, on pliera le dos sur la ligne du milieu, et l'on faufilera avec de petits points une moitié du dos sur l'autre, le long de la ligne du petit côté; on séparera alors les deux parties, en coupant les fils entre les deux, puis on pourra dessiner le deuxième petit côté, le long de ces points, où restent attachés les bouts du fil.

Si l'on voulait avoir les petits côtés à part, on en découperait un sur la doublure seulement, pour en avoir le patron; d'après celui-ci on taillera les petits côtés de l'étoffe, en ayant soin de les tailler un peu plus larges d'une couture du côté courbe (*a b*), c'est-à-dire du côté qui sera piqué sur la partie du milieu du dos.

Observation. Comme ces petits côtés ne servent qu'à donner plus d'élégance à la forme du corsage, il est inutile de les mettre à la doublure; par conséquent on remplacera le petit côté qu'on y a découpé (si le patron a été dessiné sur la doublure) par un morceau qui devra y être cousu fil droit depuis l'extrémité inférieure du petit côté (*c*) jusqu'au haut de l'épaule (*d*, voy. fig. 25).

Quand on fait un corsage à pointe, il est préférable de découper les petits côtés, qui devront se prolonger selon la longueur de la pointe (*e*).

Assemblage du dos et des devants (fig. 26). On réunit dos et devants en cousant ensemble les côtés sous le bras (*a a*) tout près du faufil; puis les épaules, en observant que la couture ne doit pas être sur l'épaule (*b*), mais dirigée un peu plus vers le dos (*e*); à cet effet on coud l'épaule de la partie de devant à 2 centimètres à peu près au delà de la ligne marquée sur l'épaule du dos, en retranchant à celle-ci autant d'espace qu'on en a ajouté à la première.

Quand les côtés et les épaules sont réunis, on essaie le corsage et on rectifie, s'il y a lieu. Pour les personnes qui ont un peu de pratique, il deviendra presque inutile d'essayer si elles suivent cette méthode, les mesures exactement prises étant un sûr moyen de réussir toujours.

Boutons, agrafes. Puis on marquera exactement la place des boutons et boutonnières ou des agrafes, d'après les fig. 27 et 28. Pour les boutonnières on rempliera à l'intérieur, au bord de la ligne du devant de droite, les 2 centimètres d'étoffe qu'on a laissé dépasser en taillant, et l'on coupera les boutonnières derrière cette ligne; les boutons se poseront sur le devant de gauche en avant de la ligne, et on laissera dépasser au bord les 2 centimètres d'étoffe pour qu'elle croise sous les boutonnières quand le corsage se ferme.

Agrafes (voy. fig. 28). Quand on se sert d'agrafes, on coud les œillets au devant de gauche, de manière qu'ils dépassent à peine la ligne du milieu, sous laquelle on aura d'abord replié l'étoffe qui la dépassait; puis on soutient ces œillets en cousant dessous une étroite bande (*a*) de l'étoffe du corsage, qui devra les dépasser pour croiser sous les crochets cousus sur un ruban de fil, lequel est fixé au devant de droite à l'intérieur du bord, de manière que, le corsage étant fermé, les agrafes soient invisibles.

Quand le corsage sera solidement cousu tout près des faufils, on le bordera à la taille d'un passe-poil, ou l'on y coudra une étroite bande d'étoffe de 2 centimètres environ de large, comme une ceinture, qu'on attache par une piqûre sur le bord supérieur et qu'on coud au bord inférieur intérieurement avec des points de côté, qui fixeront en même temps la doublure. Si le corsage est à pointes, on mettra des baleines dans les pinces et les pointes, en se servant de rubans de fil, qu'on coud sur le devant de la doublure du corsage jusqu'au bas des pointes, et qui servent de fourreaux aux baleines; puis on l'attachera à la jupe comme il est expliqué plus haut chap. II.

Corsage fermé derrière. Il se taille et se confectionne de la même façon, avec cette différence qu'on coud les deux parties de devant ensemble sur la ligne du milieu, ou qu'on taille le devant en un morceau, en pliant l'étoffe de manière que le côté fermé soit la ligne du milieu; tandis qu'on taillera le dos en deux parties, en observant pour la ligne du milieu de replier 2 centimètres d'étoffe pour les agrafes ou les œillets, si le corsage doit être lacé.

Corsages décolletés. Ayant les mesures d'un corsage montant, on observera pour le dessin du patron: 1° que la longueur du milieu du corsage sera marquée de 3 à 6 centimètres au bas de la naissance du cou, selon que le corsage doit être plus ou moins décolleté; 2° qu'on n'a pas besoin de marquer la première hauteur d'épaule, ni la mesure du cou, ni la largeur d'épaule; 3° que l'échancrure du haut du corsage se dessine par une ligne légèrement courbe de la deuxième longueur d'épaule (*a*) à la ligne du milieu (*b*, fig. 29).

Corsage entièrement plissé (fig. 30). On mesure la hauteur de l'étoffe d'après la moitié de la première longueur d'épaule en lui donnant 5 centimètres de plus et trois fois la largeur d'un corsage uni. On plisse d'abord l'étoffe en plis étroits ou larges, puis on la taille absolument comme un corsage plat, mais il n'aura pas de pinces, et pour obtenir la forme du buste, large à la poitrine et mince à la taille, on dessinera la ligne de la hauteur de côté (*a*) des devants, obliquement au lieu de verticalement, jusqu'à la largeur de la taille (*b*) comme au dos, et celui-ci n'aura pas de petits côtés.

Si ces corsages doivent être décolletés, on agira pour le dessin du patron et la coupe comme il est dit plus haut (voy. fig. 29).

Il est évident qu'on peut donner toute forme d'échancrure aux corsages décolletés: ronde, carrée, en cœur etc. (voy. fig. 29).

CHAPITRE IV.

Corsages à blouse montants.

(Fig. 31.)

Pour ces corsages, l'étoffe doit avoir au moins 80 centimètres de large, si le devant du corsage doit être en un morceau, et fermé au dos; à moins qu'il ne soit fermé devant, alors l'étoffe peut être moins large.

On dessine le patron d'un corsage plat; quand le dessin est fait, on reprend la deuxième longueur d'épaule et on la pose à environ 12 centimètres plus loin à gauche, où on la marque en haut (*a*) et en bas (*b*) d'un point; on marque en conséquence une nouvelle entournure (*c*), puis on découpe le patron ainsi élargi comme il est dit pour la coupe des corsages plats (chap. III).

On faufile l'étoffe sur la doublure, puis on fronce la largeur d'épaule une ou plusieurs fois, à volonté, en laissant un espace uni de 2 centimètres près de l'échancrure du cou et de celle de la manche; ensuite on fronce la taille, en observant également de laisser un espace de 5 centimètres uni, c'est-à-dire sans fronces, près de la ligne de côté; on tire alors le fil de ces fronces pour les serrer jusqu'à concurrence des mesures respectives avec lesquelles on les vérifie, c'est-à-dire largeur d'épaule et de taille. Le dos ne se fronce qu'en bas; c'est pour cette raison que le dessin du patron du corsage plat est modifié aux lignes des hauteurs de côté, qui seront verticales au lieu d'être dirigées obliquement vers la taille. On assemble ce corsage, par les côtés et par les épaules, comme il est expliqué pour les corsages plats; le tracé conservé indique le contour du buste et guide les coutures.

Première variété. Le corsage à blouse que nous venons de décrire peut conserver la doublure plate, c'est-à-dire comme celle d'un corsage plat. Cette façon se fait souvent pour les étoffes légères, transparentes, où l'on décollète la doublure sous l'étoffe montante.

Deuxième variété. Au lieu de froncer le corsage ci-dessus, on peut former des plis plus ou moins larges, qui se creusent davantage à la taille; on peut les diriger tout droits ou obliquement, dans ce dernier sens ils forment draperie; on peut les croiser sur la poitrine, en faisant avancer les deux parties du devant, l'une par-dessus l'autre; toutes ces modifications se font facilement et selon le goût particulier.

Troisième variété. Souvent on ne fronce les corsages qu'en bas; on dessine alors le patron comme pour une taille plate, et au lieu de faire des pinces on froncera la ligne de la taille.

Quatrième variété, corsage à pièce d'épaule (fig. 32). C'est une façon qu'on adopte pour les robes négligées. L'étoffe doit être assez large aussi, puisqu'il faut le double ou le triple d'un corsage plat, selon qu'on le fronce ou le plisse. On dessine une taille plate ordinaire; le surplus de la largeur de l'étoffe dépassera le dessin à gauche près de la ligne de côté; puis on tirera un trait horizontal en travers du patron (*a*), à 3 ou 4 centimètres au-dessus de la ligne de côté près de l'entournure; le dessin au-dessus de cette ligne sera la pièce d'épaule, qu'on détachera en la coupant sur cette ligne.

On portera la ligne de la hauteur de côté (*b*) et la partie de l'échancrure de la manche (*c*) qui reste, à l'extrémité de l'étoffe.

On fronce ou plisse le haut du corsage en ligne droite jusqu'à concurrence de la largeur de la pièce détachée, qu'on rajoute à la partie froncée, après l'avoir bordée d'un liséré; à l'envers on cachera la couture en y repliant une partie de la doublure, qu'on coudra par un point de côté, qui ne devra pas traverser l'étoffe; près de la ceinture on fera des fronces ou plis comme aux corsages ci-dessus (fig. 31). Si c'est un peignoir, le bas des devants du corsage sera fait en coulisse (*d*) : à cet effet on coud un ruban à l'envers sur la doublure, depuis le côté (*e*) jusque devant, dans lequel on passera un cordon, qui servira à serrer et à fermer le corsage. Le dos se fait généralement plat ou avec quelques fronces; dans ce cas, on se le rappelle, les lignes de côté se dessinent toutes droites (fig. 31).

Quand la robe est moins négligée, on plisse quelquefois tout le corsage, dos et devants. Ces robes comme d'autres robes négligées se maintiennent fermées extérieurement, soit par une bande d'étoffe pareille à la robe, un ruban ou une cordelière terminée de glands.

CHAPITRE V.

Robes d'enfants.

Pour les enfants de deux à douze ans, on prend les mesures comme pour les corsages plats montants, à l'exception de la taille, où l'on joint la mesure au lieu de laisser un intervalle.

L'on procède dans la proportion des mesures absolument comme il est expliqué plus haut pour tous les genres de corsages. Cependant les pinces des tailles plates sont plus hautes.

Roulières. Ce sont des robes à pièce d'épaule que les enfants portent depuis la naissance jusqu'à l'âge de deux ans; avant qu'ils marchent, elles se font très-longues et se portent par-dessus le maillot, plus tard jusqu'à la cheville. Elles sont flottantes autour de la taille, c'est-à-dire qu'elles n'y sont pas retenues.

On prend la mesure de la longueur de la robe, puis la largeur de la poitrine, de l'épaule et de l'emmanchure ; la hauteur de la pièce dépendra de l'encolure plus ou moins décolletée (voy. fig. 33) ; on ajoute la pièce à la robe par un liséré. Le patron se dessine comme celui d'un corsage à pièce d'épaule, la ligne verticale figurera le milieu de devant de la pièce.

Pour les roulières franchement décolletées on fronce ou plisse tout simplement le haut de la robe, qu'on borde d'une étroite bande d'étoffe en biais ou d'un ruban, et l'on y met des épaulières, qui seront taillées plus courtes vers l'entournure (*a*) que vers l'épaule (*b*, voy. fig. 34). — Les petits tabliers se font de la même manière.

CHAPITRE VI.

Corsage plat à trois pièces.

Fig. 35. Après avoir pris les mesures et dessiné le patron d'un corsage plat, on prend le tiers de la mesure de la taille, on le pose sur la ligne de la taille près de celle du côté (*a*), et l'on marque ce tiers à droite d'un point (*b*). On prend alors la moitié de ce tiers, qu'on posera aussi sur la ligne de la taille, mais près de celle de devant (*c*), et on le marque à gauche d'un point (*d*).

L'espace compris entre ce dernier demi tiers (*d*) et le tiers au côté (*b*) supprimé, remplacera les pinces, c'est-à-dire qu'on tracera une ligne légèrement courbe depuis le point (*d*) jusqu'au point (*e*) au-dessous de l'emmanchure, qui se combinera avec une ligne droite (verticale) qu'on aura tirée le long du corsage, depuis le tiers environ de la largeur d'épaule (*f*), jusqu'à la taille (*b*). On fait un pli de ce qui remplace les pinces et on le coupe dehors, en laissant 2 centimètres d'étoffe au bord des lignes (*c d* et *b e*) pour pouvoir élargir à volonté. La ligne (*e d*) se prolongera jusqu'au bout de la pointe, s'il y en a une.

On n'oubliera pas les deux plis, le vertical et l'horizontal, entre la poitrine et l'encolure, comme à tous les corsages. En réunissant les lignes (*e b* et *e d*), on vérifiera la taille du corsage avec la mesure. La doublure ainsi préparée, on taille l'étoffe, on la faufile sur les contours du tracé, et on assemble les différentes parties comme il est expliqué aux corsages plats.

Le dos se fera comme à tous les corsages plats.

La figure 35 est représentée avec différentes échancrures.

CHAPITRE VII.

Corsages à basques.

Devant (fig. 36). Au lieu de ne prendre l'étoffe que de la longueur de la taille, on la prendra jusqu'au bas des basques, selon la longueur qu'elles devront avoir. Avant de commencer le dessin, on pliera l'étoffe (ou le papier, si on prépare le patron sur le papier), qui est calculée pour les basques sous la ligne de la taille. Si l'on applique la mesure de la première longueur d'épaule, elle en indiquera la place.

Puis on dessine un corsage plat montant; le patron dessiné, on déplie les basques et l'on tire une ligne oblique, du bas de la ligne de côté (*a*) vers la gauche, à laquelle on donne une pente de 4 à 6 centimètres pour une longueur de 15 centimètres.

On prolongera également la ligne de devant, où l'on aura

laissé en plus les 2 centimètres d'étoffe pour les agrafes ou boutons ; de cette manière la basque de devant aura l'ampleur et la longueur nécessaires.

Quand l'étoffe sera faufilée sur la doublure, on marquera les pinces comme il est expliqué chap. III ; mais on les fera descendre, la première jusqu'au bas de la basque si elle est courte, et si elle est longue, de 4 à 5 centimètres au-dessous de la taille ; la deuxième pince sera plus courte de 4 centimètres ; les agrafes ou boutons devront continuer un peu au-dessous de la taille.

Dos (fig. 36 *bis*). On dessine de même un dos comme il est expliqué pour les corsages plats montants, après avoir plié sous la taille l'étoffe pour les basques ; on ressort celles-ci, puis on tire une ligne légèrement courbe au bas de la ligne de côté (*a*); à 3 centimètres environ au-dessus de l'échancrure de la manche, on dessine le petit côté comme il a été expliqué plus haut, et qui descendra de 2 centimètres plus bas que la ligne du dos (*b*) ; de là (*c*) on prolongera la ligne du petit côté, en obliquant vers la droite jusqu'au bas de la basque (*d*) ; de cette manière on aura donné l'ampleur nécessaire à la basque de côté ; mais du même coup on l'a enlevée à la partie du dos (*b*); on découpe celui-ci (fig. 37) et, pour donner à la basque du dos l'ampleur nécessaire, on coupera d'abord la pointe restante au dos (*b*), puis on prend un morceau de doublure de la longueur et de la largeur de la basque de côté, on l'ajoute à la taille du dos (*b*) pour la tailler ensuite de la longueur et de la largeur de la basque de côté. Voilà donc la basque du dos formée (fig. 37).

On n'oubliera pas le petit pli à l'échancrure de la manche, au-dessus du petit côté. On tend l'étoffe dans le sens de la longueur sur la doublure, on l'y faufile sur chaque partie le long des lignes du tracé et on la découpe sur les bords de la doublure, c'est-à-dire à 2 centimètres des lignes du dessin qui doit guider les coutures, excepté aux échancrures des manches et du cou, qui sont découpées sur les lignes mêmes.

On réunit les diverses parties en commençant par les lignes de côté, puis toutes les autres en commençant par le haut. On fera un pli peu profond, de 1 ou 2, rarement de 3 millimètres dans la taille, au-dessus des hanches, qu'on piquera; il formera une ligne courbe à partir du petit côté près du dos (*c*) jusqu'à la seconde pince (*d*), afin que le corsage colle bien au buste et dessine la taille avec grâce. On égalise et on arrondit les bords de la basque, qu'on achève avec un liséré ou passe-poil; elle peut être festonnée, tailladée etc., etc.

Le petit pli au-dessus des hanches devient inutile si l'on veut raccourcir la taille.

CHAPITRE VIII.

Robe princesse.

(Fig. 38.)

Cette robe, appelée aussi *duchesse*, *fourreau* ou *empire*, est tout d'une pièce, corsage et jupe.

C'est d'après le patron des corsages à basque qu'on taille cette robe, avec la différence néanmoins aux parties de devant du corsage, qu'on les taille en trois pièces, comme il est expliqué plus haut pour le corsage à trois pièces; mais chaque partie se découpera entièrement : 1° celle du devant (1); 2° le côté placé près de la découpure des pinces (2); 3° le petit côté sous le bras (3). On prolongera ces trois parties comme il est expliqué pour les corsages à basques, en leur donnant la longueur et l'ampleur nécessaires pour la robe (voy. fig. 39, 40 et 41).

Observation. La première partie seule ayant pu être dessinée en entier, corsage et lé, la deuxième et la troisième partie étant découpées, demanderont un supplément de papier, qu'on collera à la ligne de la taille (*a*). On y dessinera alors les lés de la manière indiquée par les fig. 39, 40 et 41.

Dos (fig. 42). Après avoir dessiné un dos d'un corsage plat montant, on prolonge la ligne du petit côté (*a*), comme il est expliqué pour les corsage à basques, mais en donnant à cette ligne la longueur et la pente nécessaires pour former un lé ; il faudra, par conséquent, prolonger aussi la ligne de côté (*c*). La formation entière de cette partie (4) ayant enlevé le lé de la partie du dos (5), on découpe celui-ci et l'on ajoute à la ligne de la taille (*b*) le papier nécessaire pour y dessiner le lé de la manière indiquée (fig. 43).

Coupe. Pour tailler l'étoffe on coupera deux morceaux d'après chacune des fig. 39, 40 et 41 formant le devant de la robe, deux morceaux d'après le n° 4 de la fig. 42 formant le petit côté et deux morceaux d'après la fig. 43 qui represente la moitié du dos.

Les parties s'assemblent comme celles du corsage à basque ; le dos aura une couture au milieu, et l'on suivra pour les autres coutures le tracé ou faufil qu'on aura établi pour avoir les contours du patron ; l'étoffe n'aura été taillée qu'à distance du tracé, comme il est indiqué à la coupe des corsages plats.

CHAPITRE IX.

Basquines ou Paletots à taille marquée.

Fig. 44. On taille ces vêtements de même que les corsages à basques en les prolongeant à volonté, mais en marquant la taille, à 1 ou 2 centimètres au-dessus de la place naturelle, ce qui se fait en diminuant d'autant les lignes du dos et des côtés.

afin que le vêtement acquière une cambrure plus prononcée par dessus les hanches. Si l'étoffe qu'on emploie est épaisse, on taillera le devant en trois pièces pour éviter les pinces. Et si le vêtement doit être ample, on fera joindre la mesure du tour de la taille; on l'élargit aussi à volonté sous les bras, en creusant moins la ligne de côté (*b*) et en écartant davantage les petits côtés (*c*), de la ligne du milieu du dos (*a*); par conséquent celui-ci paraîtra plus large à la taille; il peut aussi avoir une couture au milieu.

Basques volantes. On dessine et taille les basques comme il est expliqué plus haut aux corsages à basques, en observant de combiner les coutures de la basque avec celles du corsage qui doit être porté en même temps. Ainsi la basque (fig. 45) aura une couture au milieu de derrière (3), si le dos du corsage en a une, et s'il n'en a pas, les coutures du peplum (fig. 46) devront paraître des prolongations de celles des petits côtés du dos, et des lignes de côté sous les bras.

CHAPITRE X.

Paletots sacs, casaques.

(Fig. 47.)

Après avoir plié sous la ligne (horizontale) figurant la taille, la partie inférieure du paletot ou casaque, on dessinera une taille plate montante. Puis on élargira la largeur de la poitrine (*a*) de 4 centimètres, afin d'obtenir une bonne ampleur; mais il faut que l'entournure ait une ampleur proportionnée : pour cela on prendra la quatrième partie de cette nouvelle largeur de poitrine (*b*), on l'appliquera entre le point (*b*) de la largeur de poitrine et la nouvelle hauteur de côté (*c*), qu'on dessinera par conséquent derrière la première (*d*). L'emmanchure se dessinera donc de la deuxième longueur d'épaule (*e*) à la grande largeur de poitrine (*b*), et de là à la nouvelle ligne de côté (*c*) ; alors on déplie l'étoffe du bas et l'on prolonge la ligne de côté (*f*) selon la longueur désirée, en donnant une pente de 4 centimètres pour 15 centi- de longueur. On fera l'encolure un peu plus large en prolongeant la largeur d'épaule (*g*).

Dos (fig. 46 *bis*). L'étoffe pour le dos sera en bas de 5 centimètres plus longue que celle pour les devants. On dessinera le dos d'un corsage plat montant sans petits côtés, puis on augmentera la largeur du dos (*a*) de 4 centimètres, comme aux devants on élargira l'emmanchure en déplaçant la ligne de côté (*b*) de la quatrième partie de cette nouvelle largeur (*c*), et qui, au lieu de se diriger vers la taille, sera dessinée obliquement vers la gauche avec une pente de 6 à 7 centimètres pour 15 centimètres de longueur. On assemble dos et devants, par les côtés et les épaules, en observant pour la couture des épaules ce qui a été dit chap. III pour la confection des corsages plats. On égalise et on arrondit les bords du paletot, on pose les manches, un col s'il y a lieu, et l'on ourle ou borde le contour d'un ruban ou d'un liséré.

Ce patron comme les autres se modifie facilement ; il est loisible à tout le monde de prolonger la partie de derrière en pointe au lieu de l'arrondir, ou de la creuser, au contraire, pour prolonger le paletot sur les côtés en pointes plus ou moins longues, ou de les découper en festons etc. L'essentiel est que le haut du paletot ne fasse point de faux plis. Plus on aura de goût, plus élégamment on dessinera les lignes. Les personnes qui ont quelques notions du dessin se feront un jeu de dessiner des patrons, et avec un peu d'imagination les modifieront à leur gré.

CHAPITRE XI.

Casaques, Zouaves, Vestes espagnoles ou orientales.

Fig. 48. Pour les casaques négligées, qui doivent être larges et longues, on prend pour patron type un paletot sac court, on le modifie en élargissant un peu moins la poitrine et le dos. Puis on peut tailler le bas de ces casaques selon la fantaisie personnelle ou celle de la mode en arrondissant les coins des devants, en dentelant etc.

Fig. 49. Pour les casaques moins négligées, où la taille est *un peu marquée*, on dessine le patron d'une casaque; on la modifie en obliquant vers la taille la ligne de côté (*a*) de la partie de devant, qui n'aura pas de pince; le dos se taillera en deux morceaux, c'est-à-dire qu'il aura une couture au milieu (*b*) qu'on creusera un peu vers la taille, et l'on y met des petits côtés à volonté (*c*). La longueur de la casaque au-dessous de la taille (*d*) est à volonté.

Pour les casaques à taille marquée, on dessinera le patron du corsage à basque, avec cette différence qu'on prend la mesure de la taille en la laissant joindre au lieu d'y mettre un intervalle.

Sur cette donnée les casaques se modifient diversement; moins elles sont négligées, plus elles sont courtes; on les arrondit à partir du devant de la taille jusque vers les côtés où les basques commencent, pour s'allonger derrière (voy. fig. 49).

Zouaves (fig. 47). On dessine un corsage plat montant, on ne fait devant qu'une pince de la façon (*a*), renflée au milieu et pointue aux extrémités, qui se met à la place de la deuxième pince des corsages. Le devant échancré depuis l'encolure (*b*), qui se ferme d'un bouton ou d'une agrafe, jusqu'au côté (*c*). On dessine un dos de corsage plat, mais qui aura les lignes de côté très-peu obliques, afin que la veste tombe carrément autour de la taille ; on y fait des petits côtés à volonté.

Fig. 48. Les vestes espagnoles ou orientales diffèrent de la précédente par la forme du dos, qui reste en un morceau, c'est à-dire sans petits côtés, et par l'absence de pinces devant ; alors on est obligé de dessiner les lignes de côté des parties de devant et du dos obliques jusqu'à la largeur de la taille. Ces restes se portent aussi sans manches.

Gilet (fig. 50). On dessine un devant de corsage à trois parties et à pointes, et l'on fait en doublure un dos plat sans petits côtés ; les poches sont simulées ou réelles et se placent à volonté (*a*).

CHAPITRE XII.

Manches.

Quoique la forme des manches varie fort souvent, il y a pourtant une règle qui ne change pas : c'est que sur le bras (*a*) la manche est de 3 à 4 centimètres plus haute que sous le bras, où elle est échancrée (*b*).

Fig. 51. Pour dessiner le patron d'une manche à coude on trace avant tout une ligne horizontale au haut du papier. On pose sur cette ligne la moitié de la mesure de l'entournure, dont on marque une extrémité (*c*) et l'autre (*d*). Puis on place la mesure de la longueur de la manche près du point (*c*) et on la dirige obliquement vers le bas, où elle se marque d'un point (*e*). Ensuite on tire une ligne droite depuis (*a*) jusqu'à (*f*) où l'on forme le coude en la prolongeant obliquement jusqu'au point (*g*).

Cela fait, l'on joint les points (*h* et *e*) par une ligne oblique (*eh*), qui donnera la forme du bas de la manche, si on la veut juste au poignet, et dans le cas contraire on l'élargit en écartant les points (*h* et *e*). Pour distinguer le dessus de la manche du dessous, on tire une ligne de (*a*) à (*e*) pour le dessus et de (*e*) à (*a*) pour le dessous.

Coupe. On pose le patron sur l'étoffe en fil droit, on coupe deux morceaux pour le dessus de la manche et deux pour le dessous, en tenant compte pour ceux-ci de la ligne (*e a*) qui indiquera l'échancrure.

Sur cette base, et selon la longueur de la manche, on dessinera à volonté une manche large ou étroite, ouverte ou fermée du bas. On observera toujours que la manche devra rester un peu plus large que l'entournure, parce qu'on y fait un petit pli sous le bras.

Fig. 52. *Manche pagode et ses variétés* Pour une manche pagode, qui est toujours plus ou moins ouverte, on plie l'étoffe double en biais. On dessinera au haut de l'étoffe une ligne horizontale (*d e*), on pose la moitié de la largeur de l'emmanchure par une extrémité sur cette ligne, à 4 centimètres au-dessus de (*d*); puis abaissant à droite l'autre extrémité qui touche le point (*c*), on dessine le contour de cette entournure près de la mesure ainsi posée, ce sera la partie supérieure de la manche (*a c*); du point (*c*) on tire une ligne oblique vers le bas, selon la longueur et la largeur de la manche (*e*). Plus la manche sera large, plus cette ligne intérieure devra obliquer, et la ligne extérieure, qui se trouvera sur le côté fermé de l'étoffe, tirée du point (*a*) à l'autre point (*f*), sera d'autant plus longue que la manche sera plus large.

D'après ces principes, on taillera les manches suivant la fantaisie de la mode.

La manche froncée du haut et du bas (fig. 53) se taille en un morceau sur l'étoffe pliée en droit fil; on la fait plus ou moins large; un poignet est cousu au bas de la manche. Pour que cette manche ait bonne forme, on raccourcit la partie intérieure de 3 à 4 centimètres dans le bas.

La manche *page* et *juge* (fig. 54) est dessinée en principe comme la manche pagode ; on en marque d'abord la longueur extérieure (*a d*) ou (*a e*), puis la longueur intérieure, qui s'arrête à l'avant-bras (*f*), et de (*f*) à (*d*) ou de (*f*) à (*e*), on dessine une forme à volonté, soit carrée, comme celle de (*f g e*), soit ovale, comme celle de (*f*) à (*d*).

Après avoir bordé les entournures du corsage avec un liséré, on y attache les manches, de manière que leur couture intérieure soit en regard du point où aboutit la mesure pour la largeur de poitrine (voy. fig. 30).

CHAPITRE XIII.

Corsets.

Mesurage (fig. 55 et 56). 1° *Hauteur du devant.* On en marque deux : la première depuis le milieu de la poitrine (*a*) jusla taille (*b*), et la seconde depuis le même point (*a*) jusqu'à la distance de 6 à 8 centimètres audessous de la taille (*c*).

2° *Largeur de poitrine.* La mesure se pose en travers de la poitrine d'un bras (*d*) à l'autre (*e*), à la hauteur indiquée (*a*).

3° *Le tour de la taille.* On laisse à cette mesure un intervalle de 4 à 6 centimètres (*b*). Elle se marque à la moitié.

4° *Hauteur de côté.* Elle se prend depuis l'aisselle, sous le bras (*e*), jusque sur la hanche (*f*).

5° *Longueur du dos* (fig. 56). Elle se prend à la même hauteur que celle de la poitrine (*a*), se marque : 1° près de la taille (*b*), et 2° à 5 ou 6 centimètres au-dessous (*c*).

6° *Largeur du dos.* Le mètre se pose sous les omoplates, d'un bras (*d*) à l'autre (*e*).

7° *Largeur du bas du corset.* On entoure les hanches avec le mètre, en le posant au point (*c*) et en laissant un intervalle de 5 à 6 centimètres (fig. 55 et 56). Voilà les mesures à l'aide desquelles on dessine le patron d'un corset.

Patron du corset. Devant (fig. 57). On plie l'étoffe double en biais, on pose la hauteur du devant à droite, sur la partie fermée de l'étoffe, et on y marque par des points les extrémités du haut (*a*), du bas (*c*) et la place de la taille (*b*).

Prenant la moitié de la largeur de poitrine indiquée (ce qui sera le quart de la largeur entière), on la pose près du point (*a*) de la hauteur du devant, et on marque cette largeur à gauche d'un point (*d*). L'autre quart sera suppléé par les goussets.

Puis on pose la mesure de la largeur de la taille près du point (*b*) qui l'indique devant, et on en marque la largeur à gauche d'un point (*e*); de là on pose la hauteur de côté directement en haut, où elle se marque également d'un point (*f*).

On prolonge cette ligne au-dessous de la taille, directement jusqu'au bord du corset (*g*), dont on indique le contour par une ligne horizontale (*g c*).

On fait le dessin en tirant des lignes d'un point à l'autre, telles qu'elles sont indiquées (fig. 57).

Le dessin ainsi fait, on maintient ces deux moitiés de devant l'une sur l'autre par un faufil au bord du dessin; on découpe sur les bords extérieurs, en laissant 2 centimètres d'étoffe à la ligne de côté.

On pliera le corset en haut, à la largeur de la poitrine (on se rappelle que ce n'en est que le quart) en trois parties égales, qu'on marquera par deux entailles (*h i*).

On coupera des fentes sur les lignes (*h i*), qui s'arrêteront à 3 centimètres au-dessus de la taille, et pour les personnes d'un certain embonpoint, ces fentes se prolongeront jusqu'à la taille. Dans ces fentes écartées on met les goussets; ce sont de petits morceaux d'étoffe taillés en carrés longs dans le tissu plié en biais (*fig.* 58). Il en faut quatre; sur le premier on taille les trois autres, pour qu'ils soient bien égaux.

On les fixe à leur place, après avoir séparé les deux parties de devant, qui étaient faufilées l'une sur l'autre, de manière que la fente repose sur le milieu du gousset, qu'on attache au bas de la fente (fig. 59) par quelques points. Après avoir placé ainsi deux goussets sur chaque partie de devant, on écarte les fentes sur les goussets, jusqu'à concurrence de la largeur de poitrine indiquée (la moitié), c'est-à-dire que chaque devant devra être aussi large en haut que la moitié de la largeur de poitrine; ces goussets seront fixés définitivement par une piqûre à l'endroit, et par de fines coutures à l'envers, dans lesquelles on met d'étroites baleines, qu'on peut faire descendre jusqu'au bas du corset; dans ce cas on coud des rubans de fil à l'envers pour servir de fourreaux aux baleines, qui seront au préalables percées, à chaque extrémité, d'un petit trou qui sert à les fixer par des points en éventail, qu'on fait généralement avec de la soie.

On mettra encore un gousset au bas du corset près des hanches pour lui donner l'ampleur nécessaire (*b*).

Un ruban de fil est cousu contre le bord de chaque devant pour y fixer la mécanique ou busc.

Dos (fig. 60). Pour le dos on prend l'étoffe double et fil droit; après avoir replié à droite 4 centimètres d'étoffe le long du dos, on y pose la mesure de la longueur du dos, pour qu'elle soit exhaussée de 1 1/2 centimètre du bas du corset (*o*) et l'on marque les trois points : du haut (*a*), de la taille (*b*) et du bas (*c*).

Puis la largeur du dos se pose près du point de la hauteur (*a*) et se marque vis-à-vis d'un point (*d*). De là, on pose la hauteur de côté jusque vers la largeur de taille, qui est marquée au quart (*f*), mais en laissant entre le point (*d*) et celui de la hauteur de côté (*e*), la distance de la quatrième partie du dos. Puis on pose le quart de la largeur des hanches au bas de la ligne verticale (*e*) en la dirigeant obliquement vers le côté, où on la marque d'un point (*g*).

Ces mesures ainsi indiquées, on tire des lignes d'un point à l'autre, comme le montre la *fig.* 60. La ligne du bas n'étant pas assez large pour contenir les hanches, on y supplée par deux goussets (*h i*), qui ne seront pas pointus à l'extrémité du haut, mais arrondis, presque aussi larges en haut qu'en bas; on creuse à cet effet les fentes dans le fond (*fig.* 61), afin que les hanches s'emboîtent et se dessinent bien.

L'étoffe repliée à la ligne du milieu du dos, se coud de chaque côté à l'envers; on y fait deux rangées de piqûres pour deux fortes baleines, entre lesquelles on perce les œillets pour le lacet. Souvent on ne met point de baleine tout au bord, parce que le frottement incessant du lacet contre cette baleine l'use plus vite.

Puis on coud un morceau d'étoffe en biais à l'envers du dos, depuis l'échancrure (*a*), où elle descend en biais jusqu'à la taille (*b*). On y fait plusieurs rangées de piqûres dans le même sens, pour des baleines, ou bien, au lieu de cette pièce, on les coud, dans des rubans de fil appliqués à l'envers pour cet usage, aux places indiquées (fig. 61).

On met une baleine plus large sous le bras, suivant la ligne de côté (*e*) jusque par dessus la taille. Enfin, on augmente ou diminue le nombre et la force des baleines à volonté et selon l'embonpoint de la personne.

On met encore une grande agrafe sur le busc, au bas de la taille (*b*, fig. 59), pour retenir les vêtements de dessous, qui l'épaissiraient.

Sur ces données on peut faire un corset plus ou moins montant; les personnes maigres peuvent ne porter que des corsetsceintures ; ces petits corsets ont toutes leurs baleines cousues verticalement, et non en biais au dos, lequel s'arrête à 5 ou 8 centimètres sous les omoplates. Pour plus de solidité on peut coudre un ruban de fil à l'intérieur de la taille du corset, mais ce ruban-ceinture ne servira pas à rendre la forme du corset plus élégante, si le patron n'en a pas été dessiné exactement selon les contours du buste.

CHAPITRE XIV.

Talmas, Rotondes, Camails. Pélerines.

Il est préférable, pour ces vêtements, de préparer le patron sur papier, afin de ne pas perdre d'étoffe. On prendra la longueur du vêtement et celle de l'encolure. Le papier qui servira de patron devra être pris de 10 à 12 centimètres plus long que la mesure, à cause de la découpure, et former un carré de cette dimension (fig. 62.)

On pliera ce carré : 1° en diagonale, et l'on obtient la forme d'un triangle rectangle (fig. 63) ;

2° On plie ce triangle sur le milieu de la diagonale (*a*), afin que les extrémités de la diagonale (*bb*) soient rabattues l'une sur l'autre et se touchent (fig. 64) ;

3° On a maintenant un triangle plus petit, sur lequel on répète le pliage précédent et l'on obtient la fig. 65.

Puis on égalise la base de ce triangle, c'est-à-dire qu'on la coupe sur la ligne (*c d*) pointillée.

On coupe aussi la pointe (*bbb*) pour l'encolure. On déplie : ce patron en papier, représenté par sa moitié (fig. 66), sera celui de la moitié d'une rotonde.

Vous en diminuerez l'ampleur à volonté en taillant, soit sur les devants, soit sur la partie de derrière, souvent aux deux en même temps, comme l'indiquent les lignes (*a b*) de la *fig.* 66.

On porte ce patron, formant la moitié, sur l'étoffe pliée en deux, la partie du dos sur le côté fermé, qui sera droit fil ou en biais, selon le goût particulier, mais quand ils sont en biais, ils drapent mieux.

Si l'étoffe est assez large pour ne pas nécessiter de couture, on obtiendra la véritable rotonde, qu'on peut faire naturellement courte comme une pèlerine, ou longue pour servir de manteau; selon l'étoffe, on les double, les ouate à volonté; on les finit par un ourlet sur les bords, à moins qu'on ne les borde d'un galon etc.

En modifiant la *rotonde*, qui est le type des vêtements de ce genre, on obtient le *talma* (fig. 67).

Il a généralement une pince à l'encolure (*a*), dirigée sur l'épaule, est un peu plus long derrière que devant et généralement assez long.

C'est un *camail* quand ce vêtement est également rond tout autour; il tombe carrément et ne drape pas aussi gracieusement que le talma, parce qu'il est moins ample. Celui-ci se modifie de différentes manières : il peut avoir une couture derrière et sur les épaules (*b*, fig. 67), être taillé tout en pointe derrière et devant en forme de châle, former des creux sur les côtés etc. etc.; enfin quand on connaît la coupe primitive, c'est-à-dire qu'on a le patron-type de ce genre de vêtements, les modifications sont faciles.

Bournous (fig. 68). Le bournous est un genre de talma qui a toujours un capuchon; il est pris pour la hauteur dans le sens de la largeur de l'étoffe, qui doit être très-large.

Le capuchon se forme près de l'encolure (*a*), du surplus de la largeur, qui est égale du haut en bas. On peut également découper le bas du bournous en forme de châle ou autrement, à volonté.

CHAPITRE XV.

Mantelets, Pelisses, Berthes, Canezous.

Mesures. Pour ces vêtements on prend les mesures de leur longueur, de la largeur du cou, de celle de l'épaule et de celle du buste, c'est-à-dire la mesure prise au bas des épaules, par dessus les bras, la poitrine (*g h*) et le dos (*h g*). Envergure des épaules. (*Schulterweite*); voy. fig. 55 et 56 pour la mesure de l'envergure des épaules.

Tous ces patrons étant du domaine de la fantaisie, il vaut mieux les préparer d'abord sur le papier.

Dessin du patron. Devant on tire une ligne verticale qui indique le milieu de la poitrine, on marque le haut (*a*); la largeur du cou se marque (*b*); on pose la moitié de la mesure de l'envergure du buste près de la ligne verticale (*c*); on la maintient jusqu'à ce que, prenant la largeur d'épaule (*d*) et la plaçant obliquement entre la mesure maintenue et le point (*b*) de la largeur du cou, elle touche par ses extrémités (*d b*) à ces deux mesures; on tire des lignes d'un point à l'autre, comme le représente la fig. 69.

Le dos se dessine absolument de même.

Ce patron sera, quand on prolonge un peu les lignes de devant (*a c*) et d'épaule (*b d*) et qu'on dessine une ligne arrondie ou creuse au bas (*e f*), celui d'une *berthe* ou d'une *pèlerine;* le patron représente aussi la pièce à laquelle se rattache, par des fronces ou des plis, le vêtement qu'on appelle *pelisse* (fig. 70) et auquel on met à volonté des ouvertures pour les bras (*a*).

On assemble dos et devants sur les épaules et l'on ourle ou

garnit d'une manière quelconque les bords. On met un liséré à l'encolure.

Fig. 71. Si c'est une berthe décolletée que l'on désire, on tire une ligne depuis la ligne verticale, à la hauteur voulue (*a*), jusqu'à la ligne de l'épaule (*b*); plus ou moins bas, selon le décolletage désiré.

On peut la faire, par conséquent, courte ou longue, d'après la manière décrite pour la pèlerine; on la taille carrément, ou à pointe, ou arrondie, ou croisée, à volonté (voy. fig. 72 et 73).

Capuchon. On dessine une berthe ronde ou pointue, montante ou décolletée selon la forme du capuchon voulu. S'il doit avoir les rebords froncés (fig. 74), on taillera le patron d'une rotonde, et au bas de la hauteur marquée (*a*) il est plus large et plus long; selon la largeur fixée pour le rebord, on découpe le patron à 4 ou 8 centimètres du coutour (*b*) du dessin; le rebord (*b*) se replie sur le capuchon, pour être froncé par une coulisse, où l'on passe un ruban ou une cordelière (fig. 74).

Capuchon plat (fig. 75). Le capuchon étant dessiné comme une berthe, au lieu de la prolonger pour le rebord, on taille à part un rebord plat, d'après le contour de la berthe, en remontant de 5 à 10 centimètres, suivant la largeur qu'on veut donner au rebord. Ce patron-type compris, il est facile, comme pour tous les autres, de le varier.

Canezou (fig. 76). Le canezou est une sorte de pèlerine montante ou décolletée, descendant en pointes jusqu'à la taille, devant et au dos, et échancrée sur les bras.

Mantelet (fig. 77). Si l'on veut tailler un mantelet, on fera une sorte de canezou agrandi, la couture des épaules tombera en s'élargissant jusque sur le milieu du bras; le dos et les devants descendent au-dessous de la taille, selon la mode, longs ou courts, pointus, arrondis, garnis de volants, d'effilés ou de dentelle etc. etc.

Revers (fig. 78). On replie sur la ligne du devant du vêtement (c'est-à-dire celle destinée aux boutons ou agrafes), la largeur d'étoffe nécessaire pour les revers; en le découpant sur la ligne de devant, on lui donne la forme préférée.

Col (fig. 79). On dessine le haut d'une berthe montante, soit en se servant du patron-type de la rotonde, qui formera le col sans couture, soit avec une couture au milieu. Si le col doit être large, on se servira du patron-type du canezou montant, et le col aura une couture sur l'épaule.

Chemisettes (fig. 80). On dessine un devant de corsage montant sans entournure, et l'on tire une ligne de la deuxième largeur d'épaule (*a*) à la taille (*b*), de même pour le dos, qui n'a pas de petit côté. En réunissant dos et devants aux épaules, on y fait ou un ourlet roulé ou une couture double.

CHAPITRE XVI.

Crinoline.

(Fig. 81).

On taille un jupon à pointes et on le monte à plat, comme il est expliqué plus haut pour les jupes plates, mais en employant moins de lés, et en les taillant du bas de la largeur voulue. On coud deux ou plusieurs rangs de rubans de fil à l'envers, à la distance de 15 à 20 centimètres, ou même jusqu'au haut, pour y passer des cercles d'acier, qui ne feront le tour du jupon qu'en bas, et s'arrêteront plus haut aux côtés du lé de devant, le long duquel on mettra deux rubans de fil pour y passer des rubans d'acier qui formeront ainsi des demi-cercles; cela empêchera la crinoline de porter en avant. Pour obtenir ce résultat plus sûrement encore, on peut coudre deux rubans de fil à l'intérieur des deux côtés du devant, et les nouer en arrière. L'envergure du bas de la crinoline varie selon la mode; en ce moment elle est de 2m,25 à 2m,45.

FIN.

TABLE DES MATIÈRES.

CHAPITRE X.

CHAPITRE XI.

CHAPITRE XII.

CHAPITRE XIII.

CHAPITRE XIV.

CHAPITRE XV.

CHAPITRE XVI.

Pl 1
Fig 1
a
c
b
d

Pl. 2

Fig. 3.

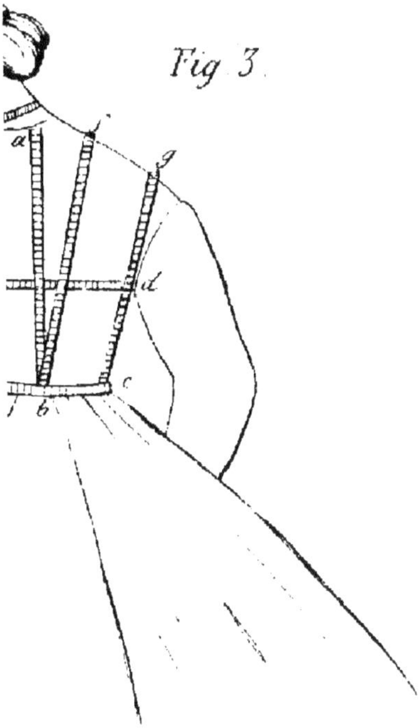

a

f

g

d

c

b

Pl. 2

Fig. 2

Fig. 3

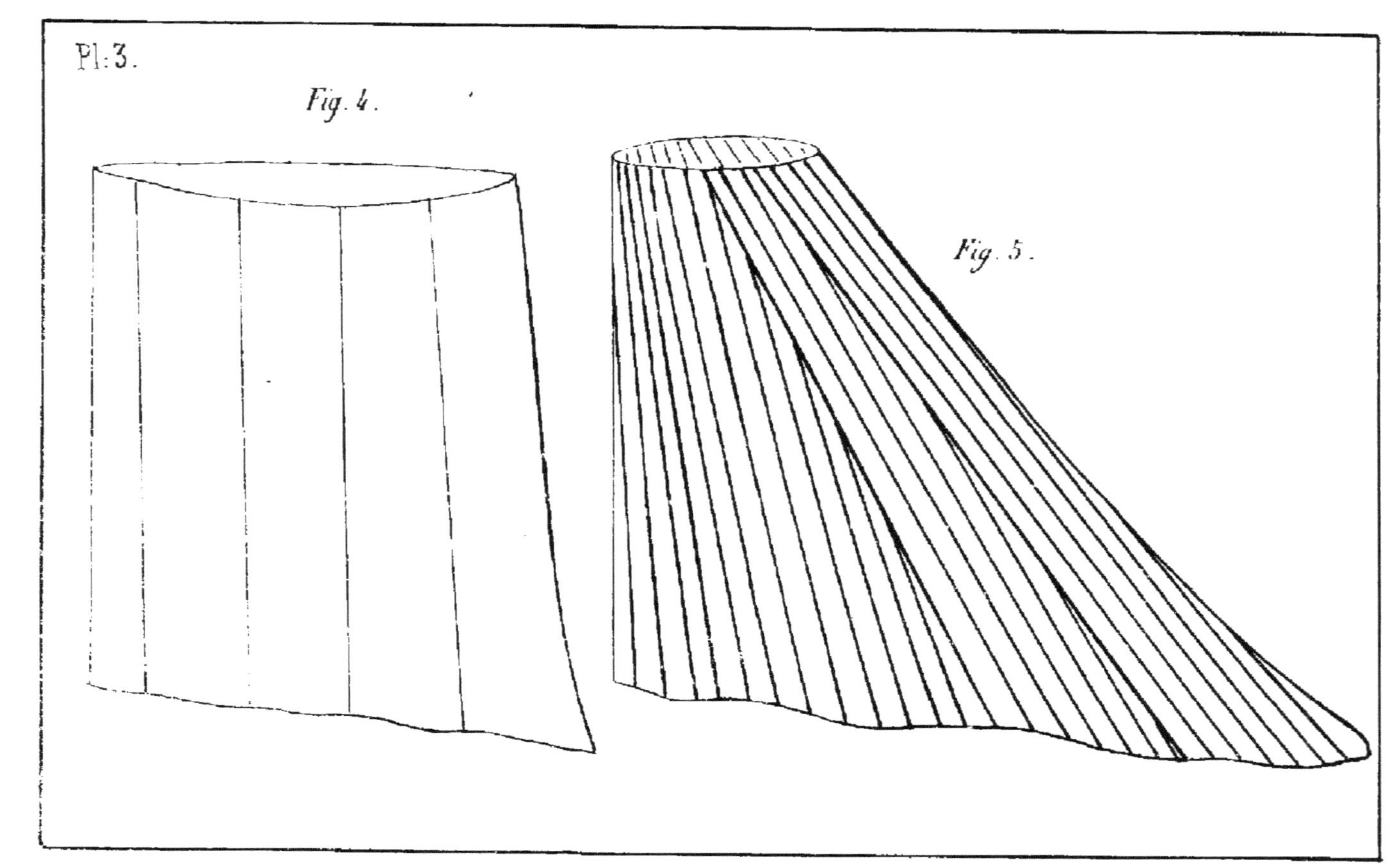
Pl:3.
Fig. 4.
Fig. 5.

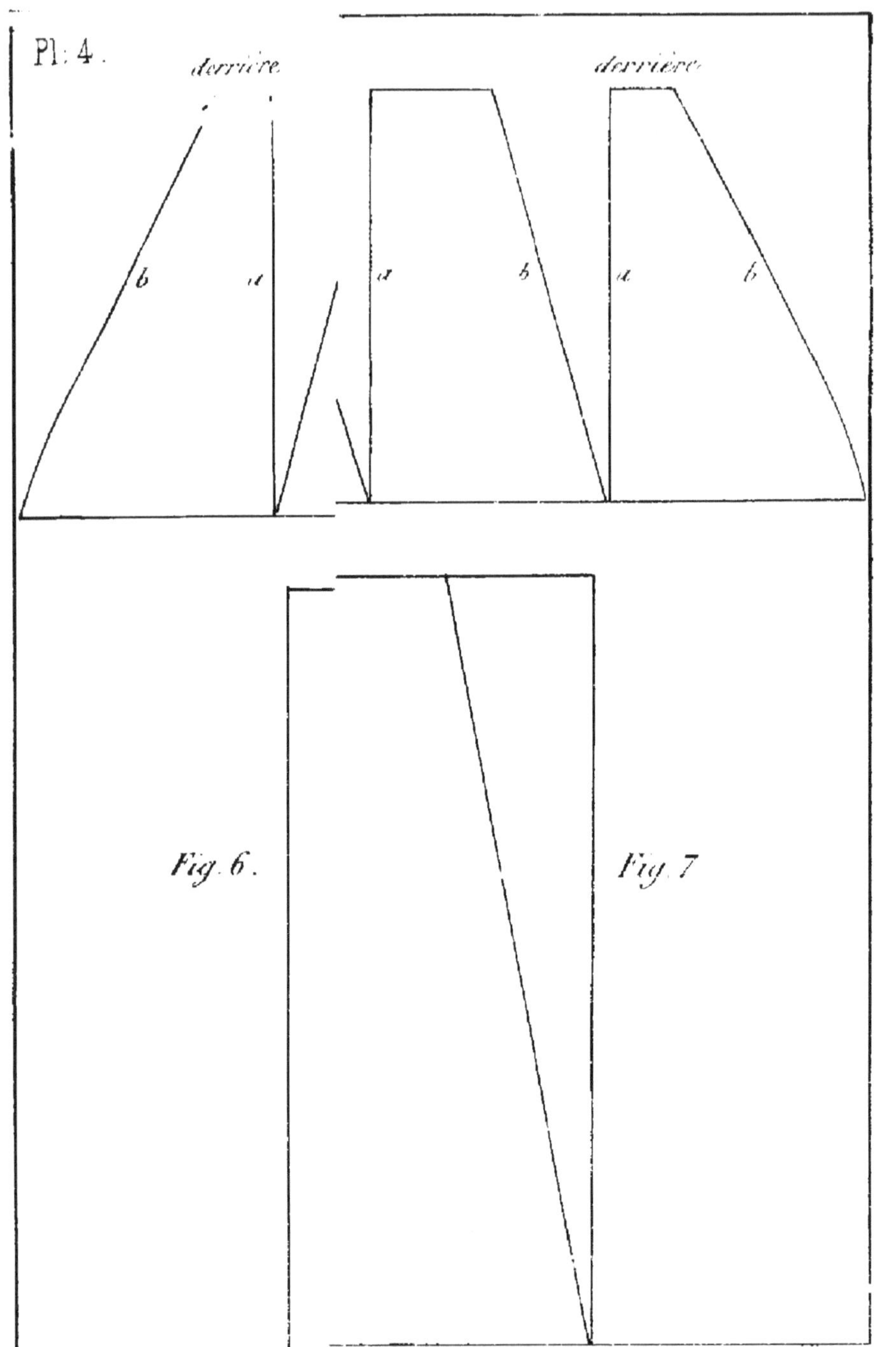
Pl: 4.
derrière
b
a
a
b
derrière
a
b
Fig. 6.
Fig. 7

Pl. 4.

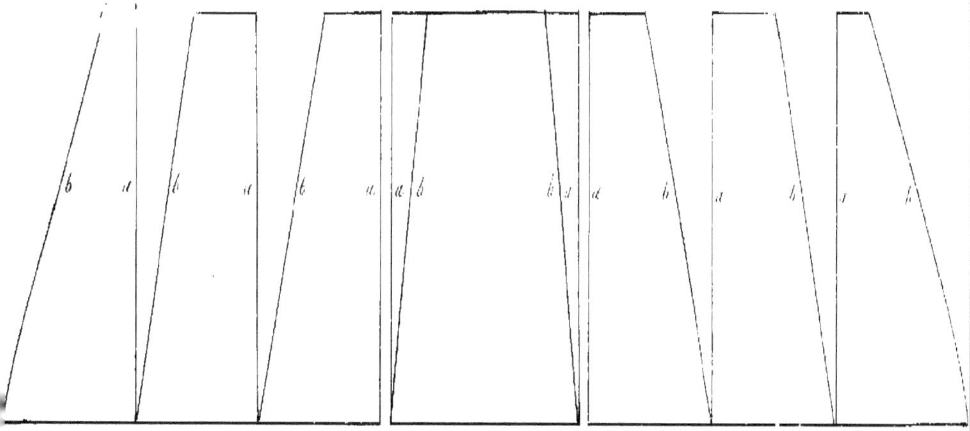

derrière — côté — devant — côté — derrière

b a b a b a a b b a a b a b a b

Fig. 8.

Fig. 6.

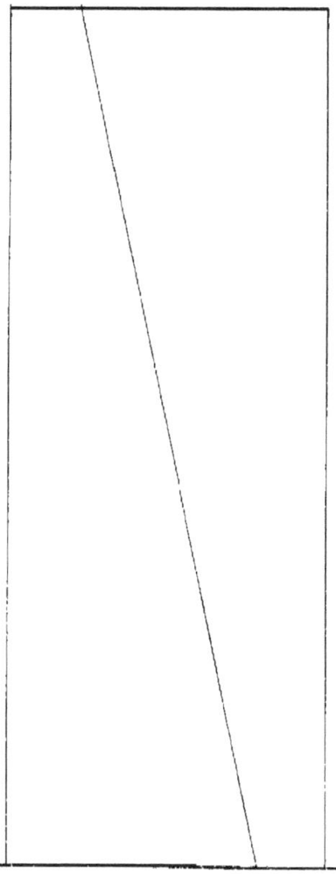

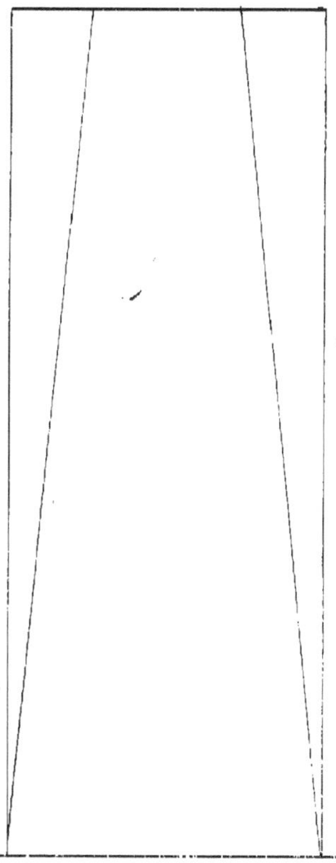

Fig. 7

Pl. 5

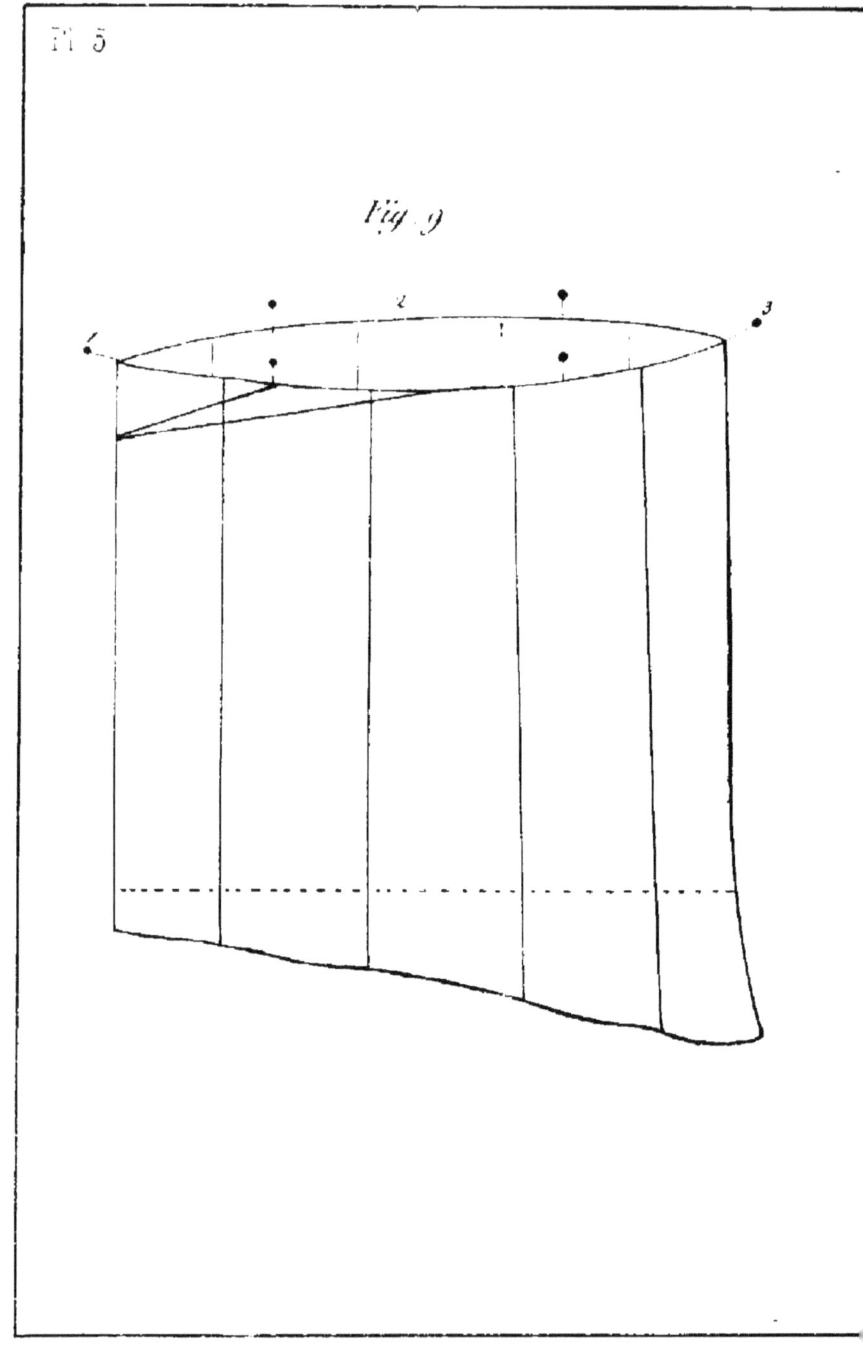

Fig. 9

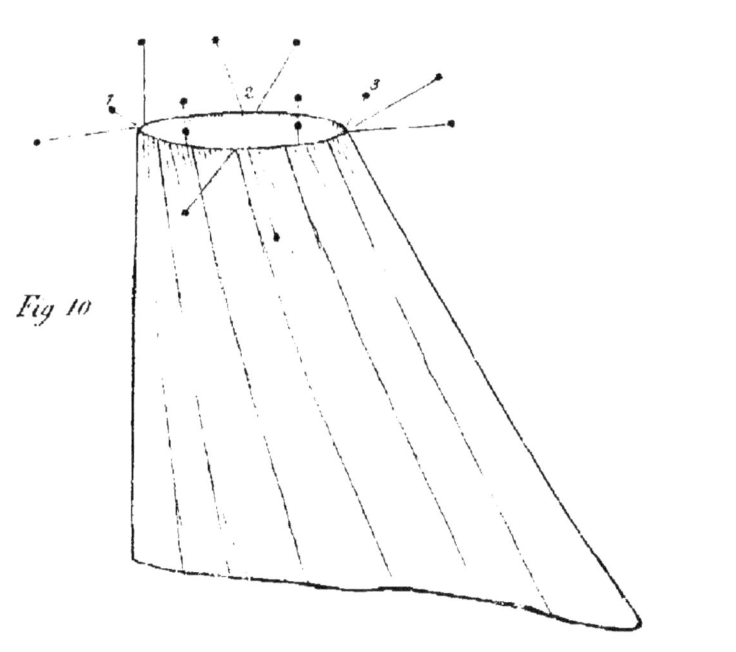

Fig 10

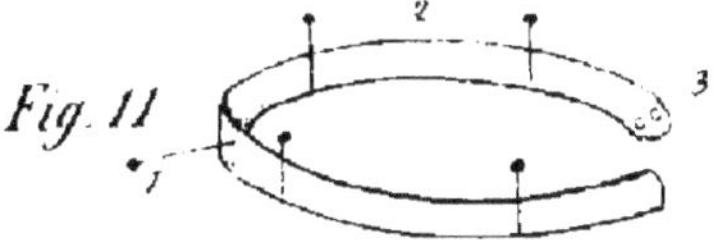

Fig. 11

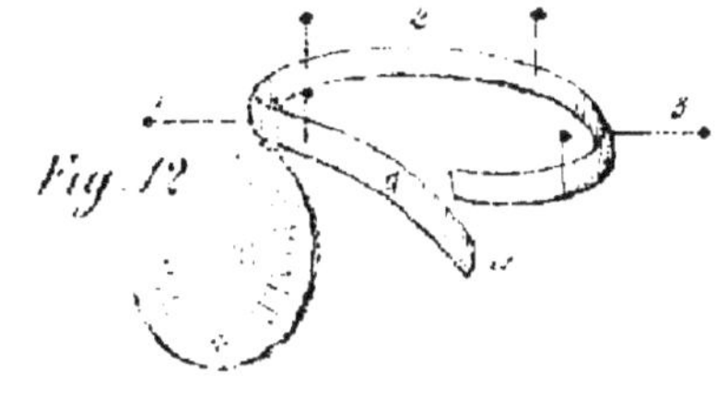

Fig. 12

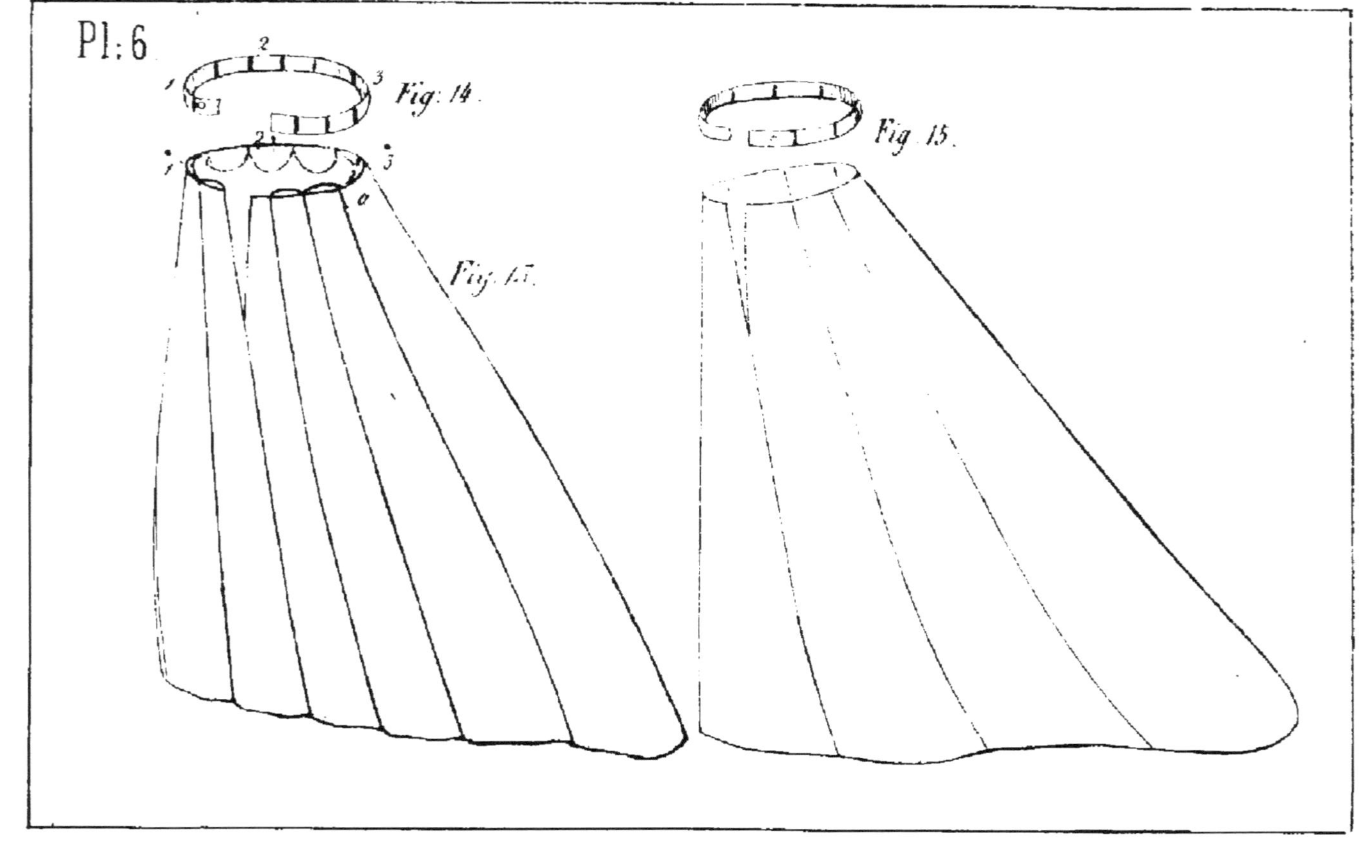

Pl: 6
1
2
3
Fig: 14.
1
2
3
o
Fig. 15.

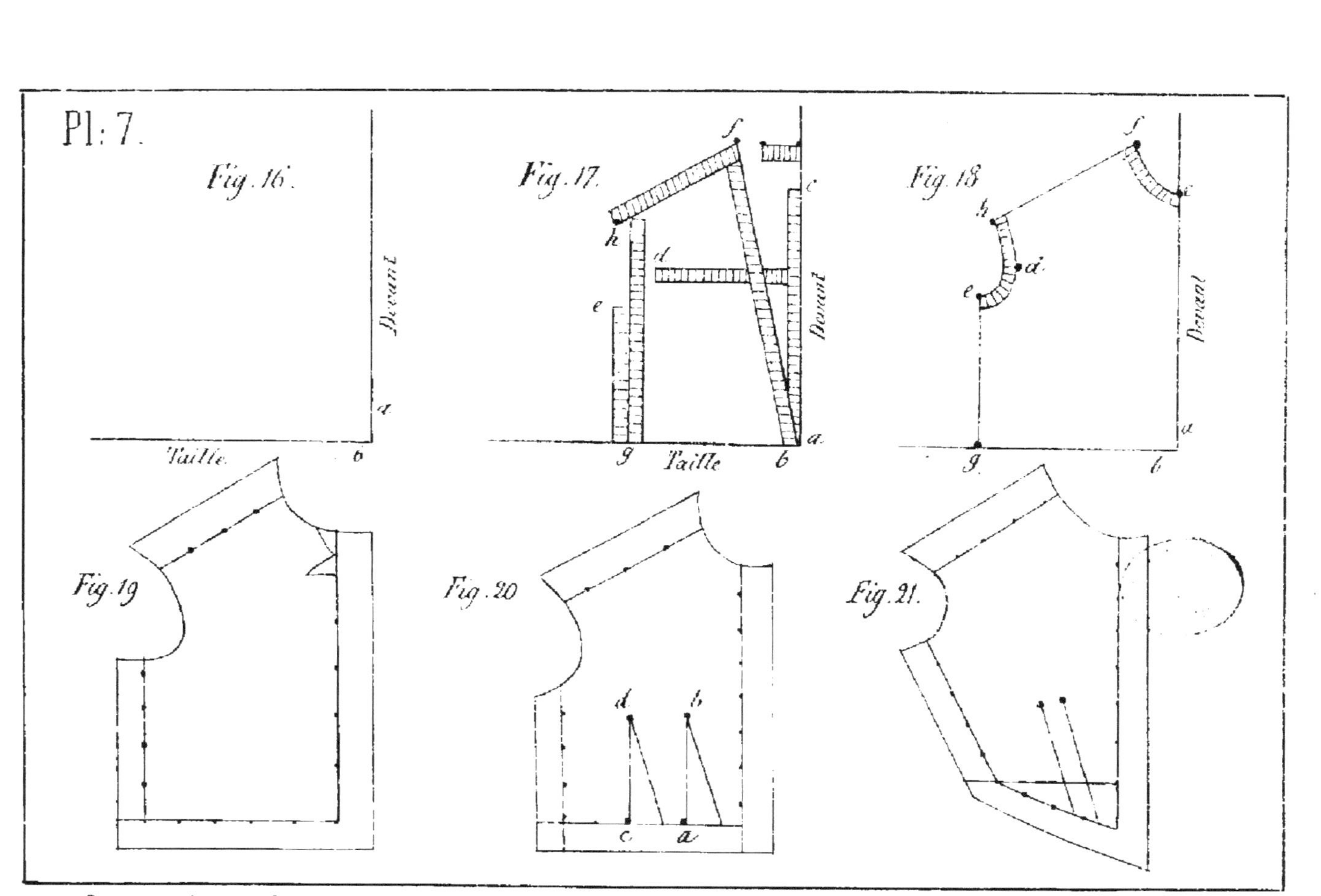
Pl: 7.
Fig. 16.
Devant
a
Taille
b
Fig. 17.
f
c
h
d
e
Devant
g
Taille
b
a
Fig. 18
f
h
d
e
Devant
a
g
b
Fig. 19
Fig. 20
d
b
c
a
Fig. 21.

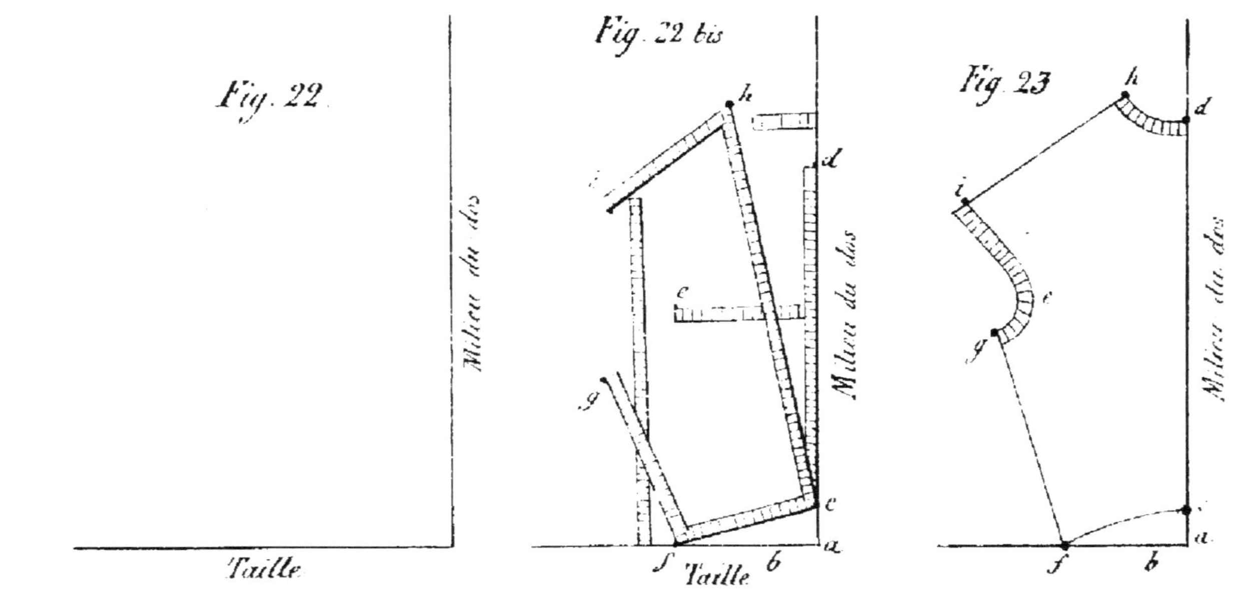
Pl: 8.
Fig. 22.
Milieu du dos
Taille
Fig. 22 bis
h
d
c
e
g
f
Taille
b
a
Milieu du dos
Fig. 23
h
d
i
c
g
a
f
b
Milieu du dos

Pl: 9.

Fig. 24.

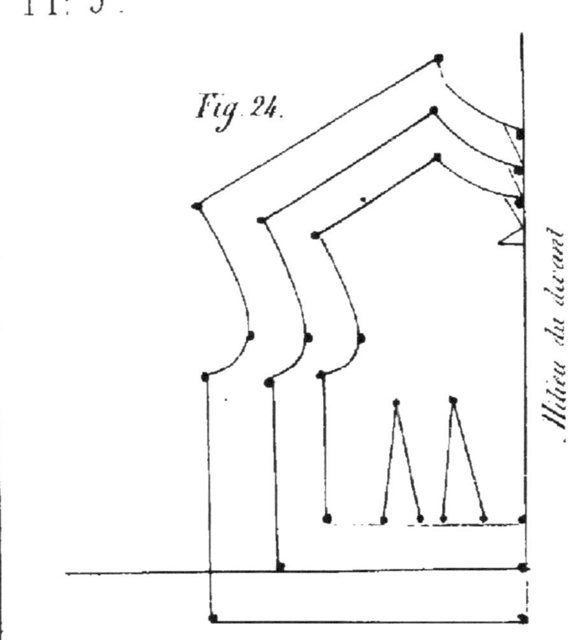

Fig. 24 bis.

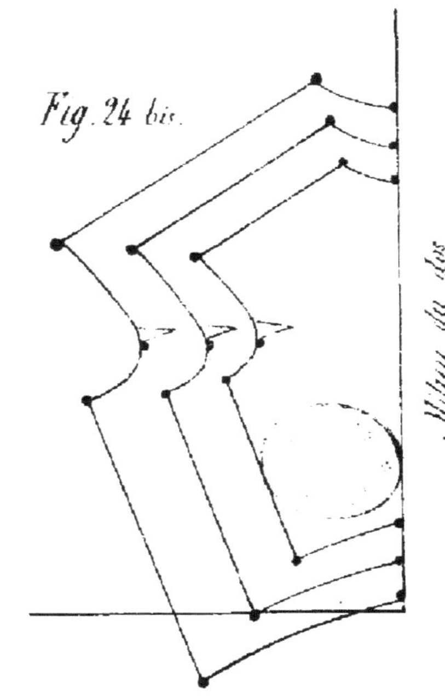

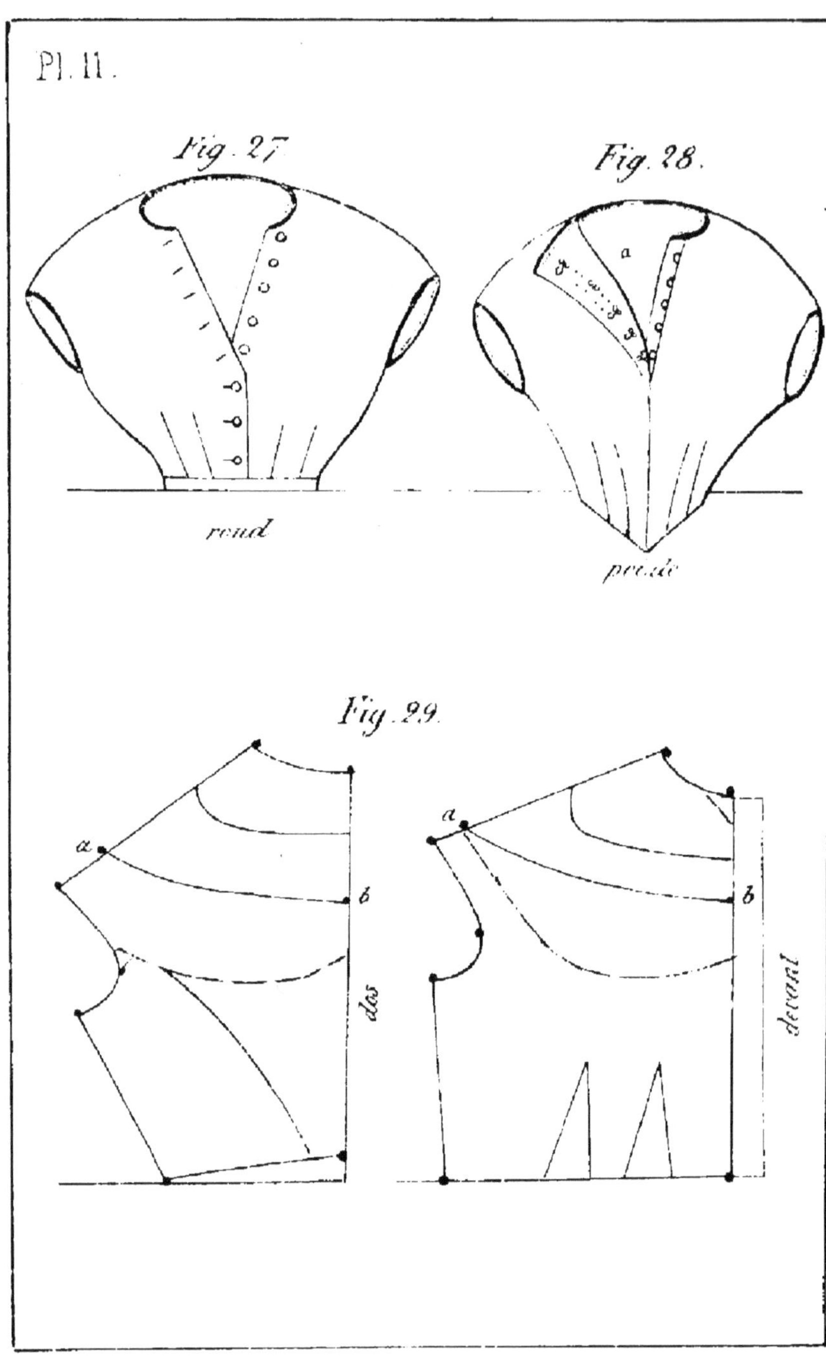
Pl. 11.
Fig. 27
Fig. 28.
a
rond
pointe
Fig. 29.
a
b
dos
a
b
devant

Pl: 10.

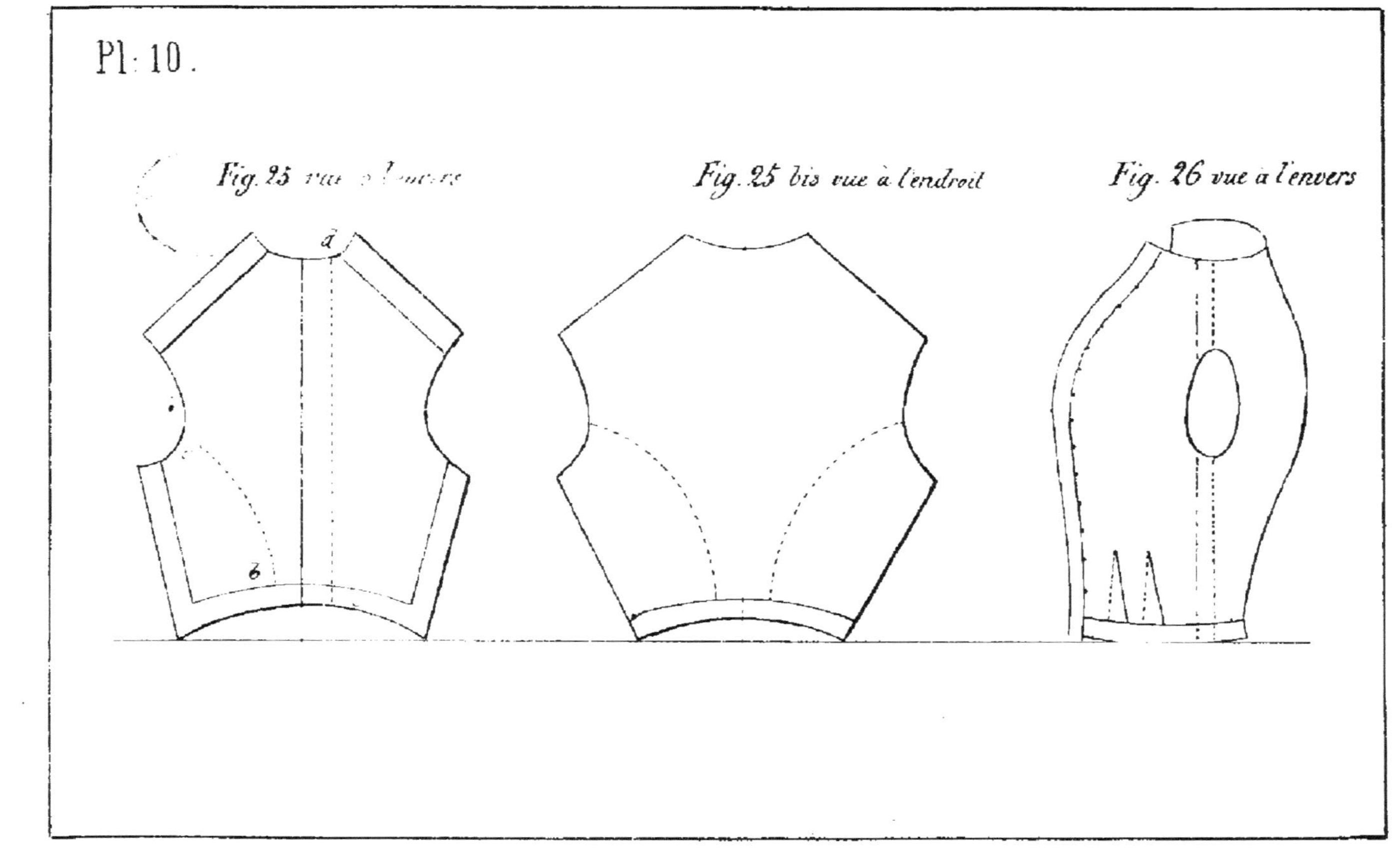

Fig. 25 vue à l'envers — *Fig. 25 bis vue à l'endroit* — *Fig. 26 vue à l'envers*

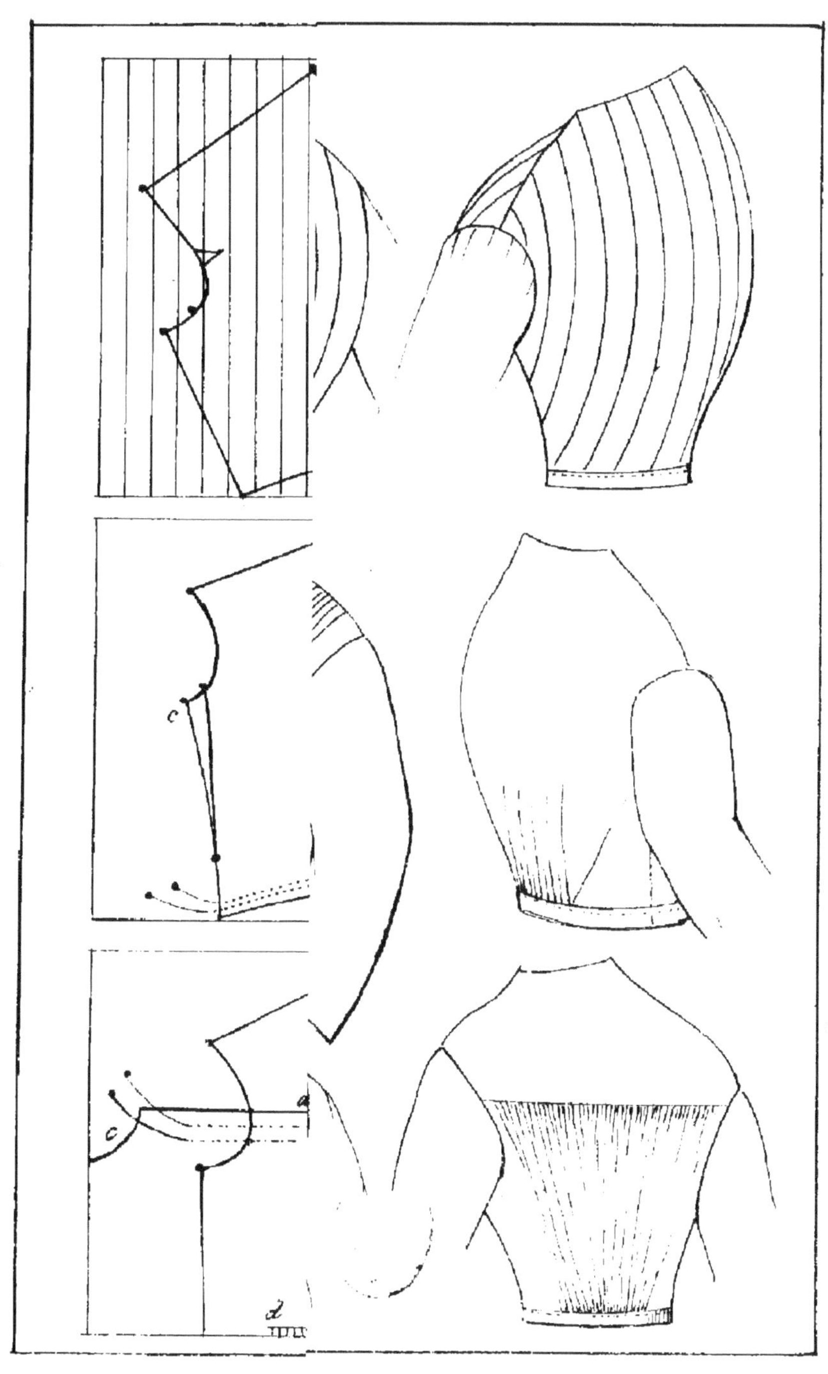
c
c
d

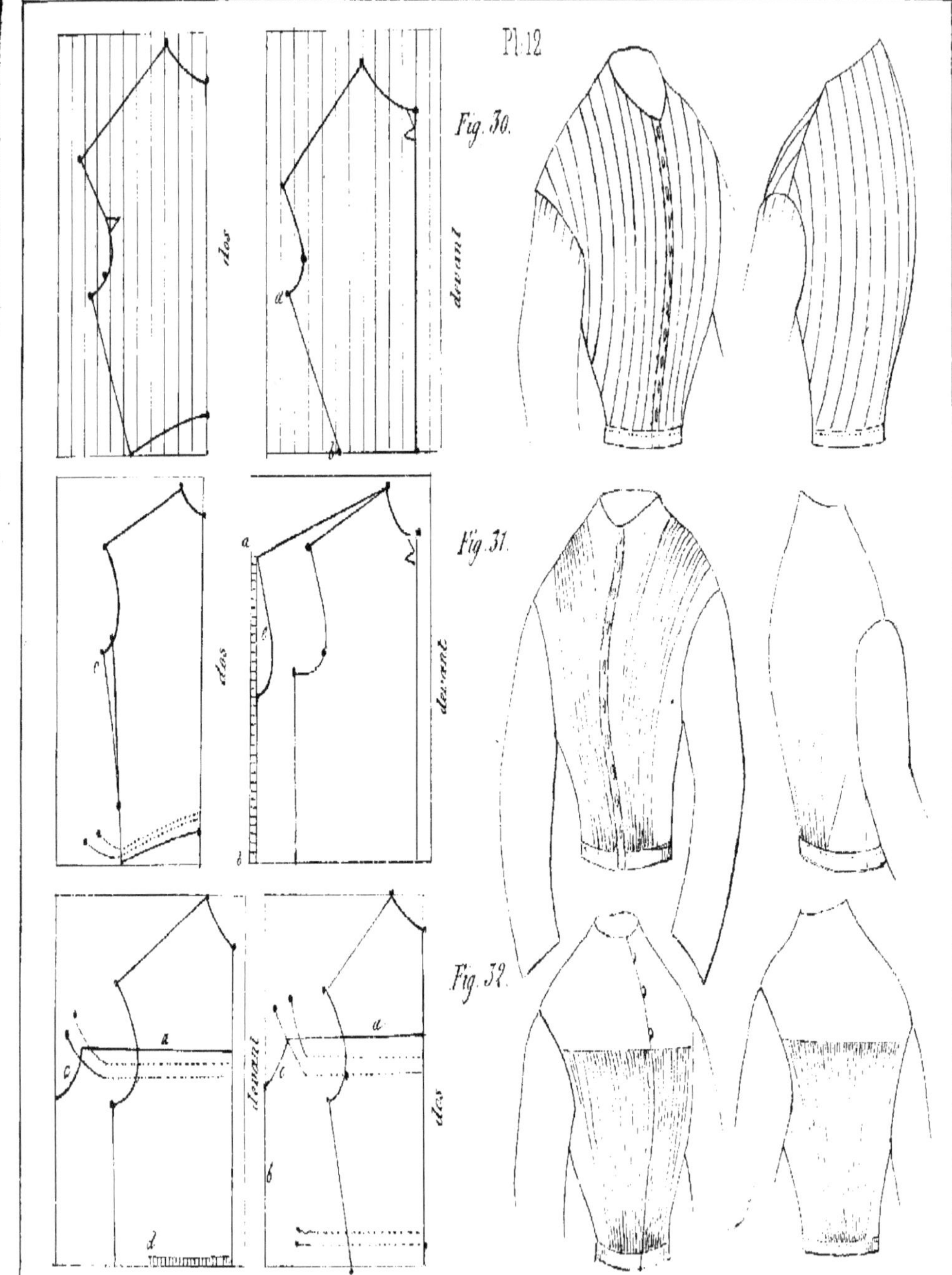
Pl: 12
Fig. 30.
Fig. 31.
Fig. 32.
dos
devant
dos
devant
devant
dos

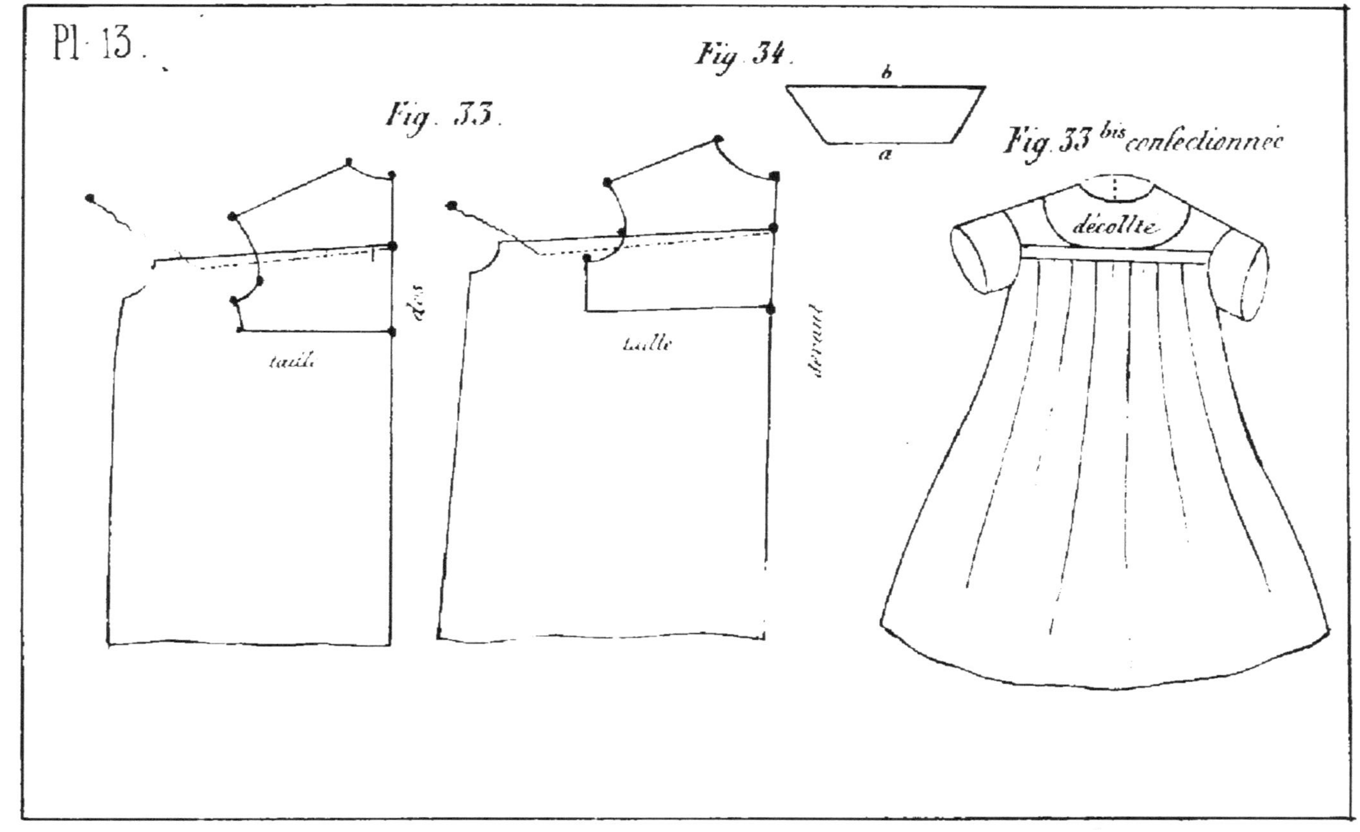
Pl. 13.
Fig. 33.
dos
taille
taille
devant
Fig. 34.
b
a
Fig. 33 bis confectionnée
décollte

Pl 14.

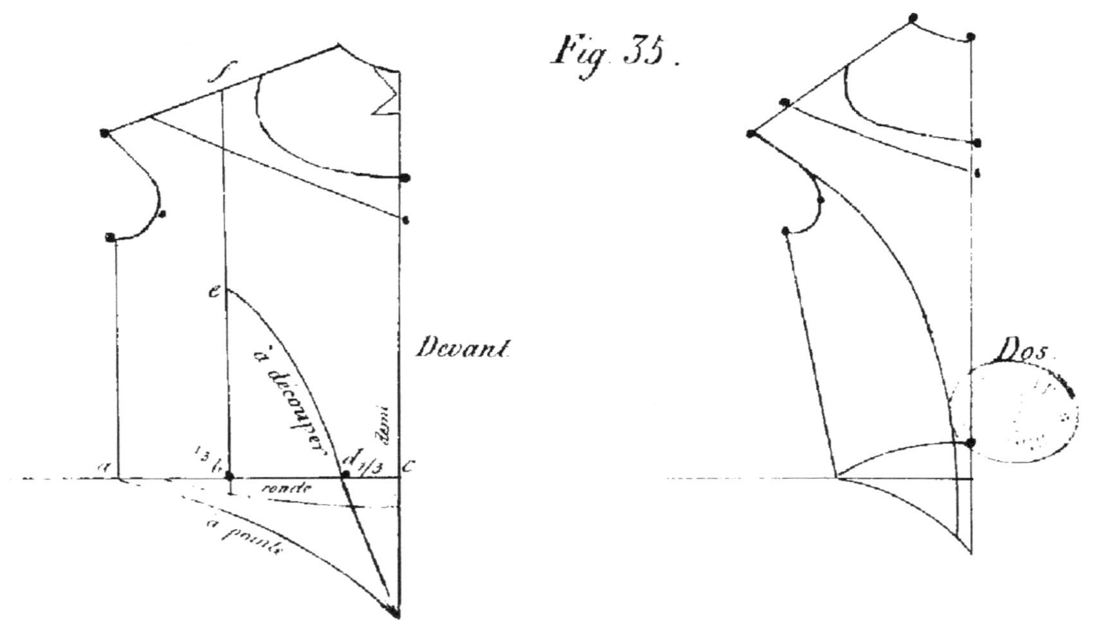

Fig. 35.

f

e

à découper

demi

a

13 b

d 1/3

c

ronde

à pointe

Devant

Dos.

Pl: 15.

Fig. 36.
épaule
Fig. 36 bis
épaule
Fig. 37. doublure
Assemblage du dos
et des petits cotes.
Devant du corsage à basque.

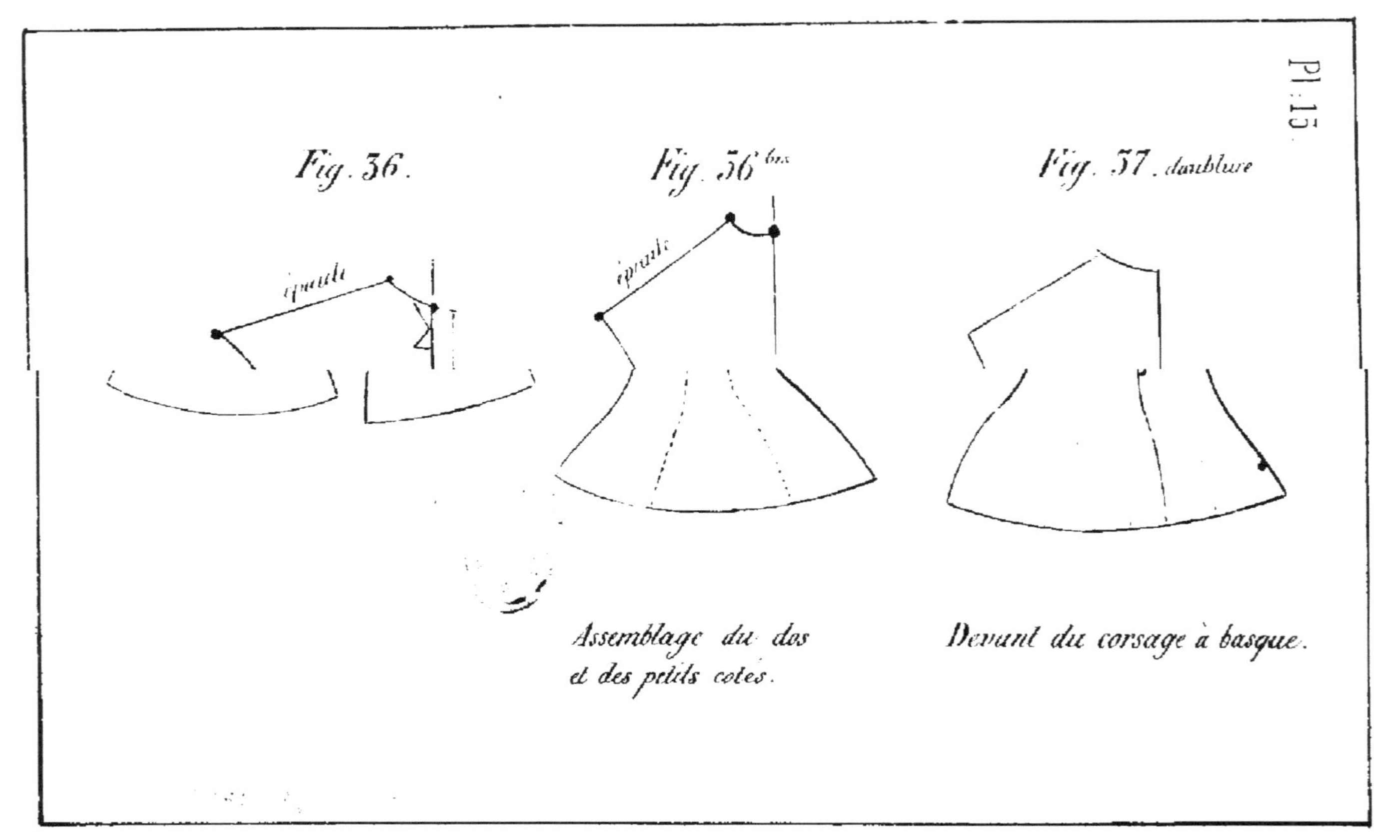

Pl. 15.

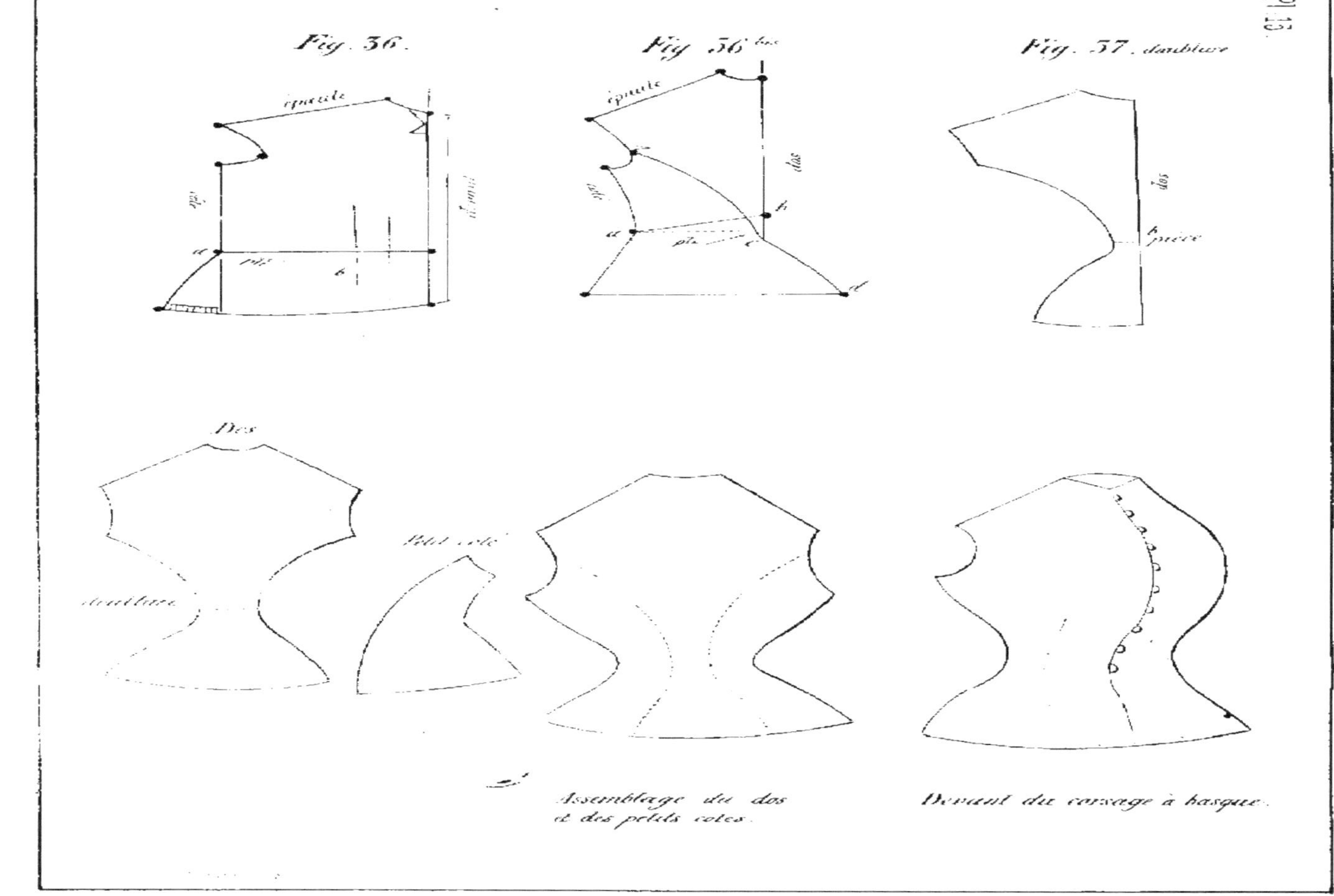

Assemblage du dos et des petits côtés.

Devant du corsage à basque.

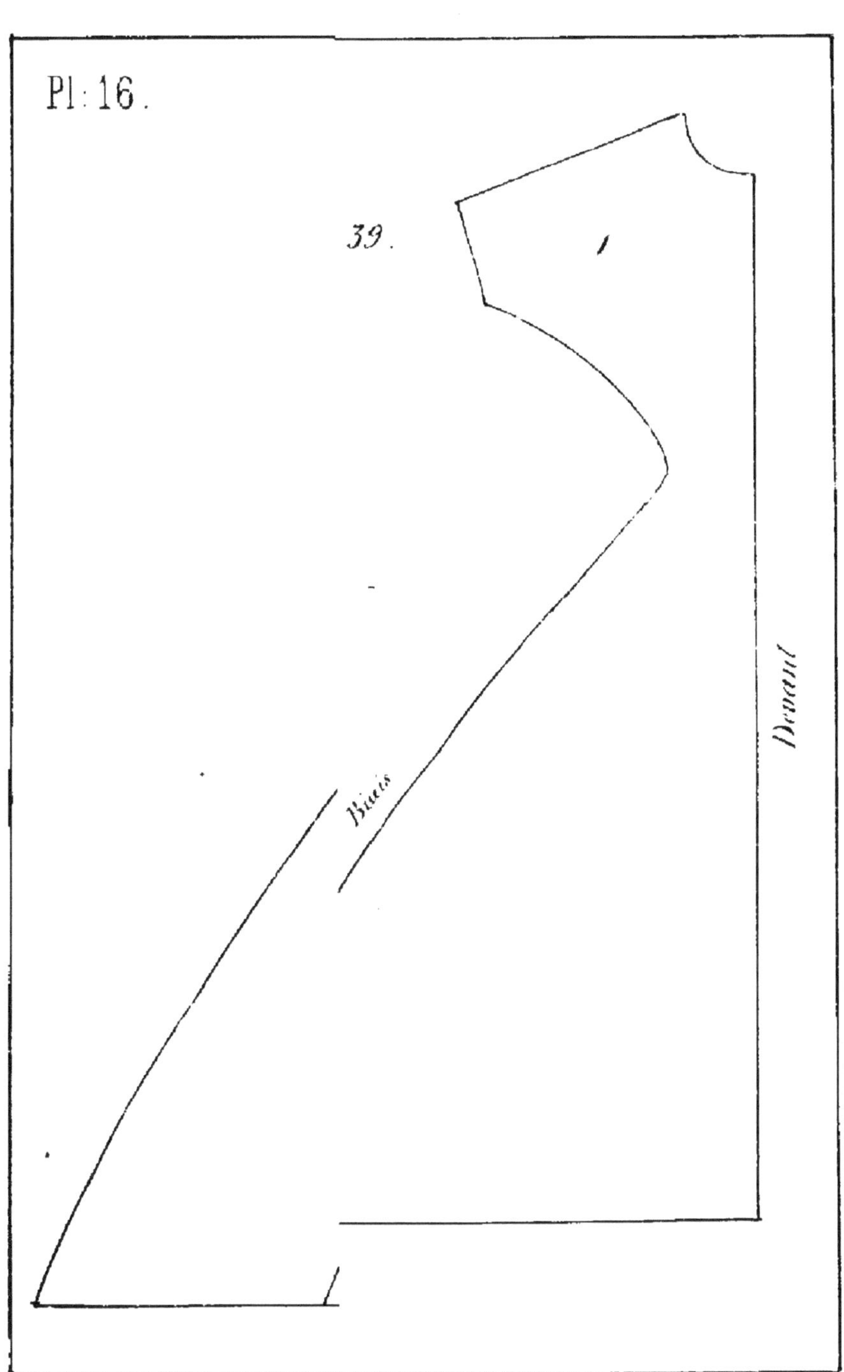
Pl: 16.
39.
Biais
Devant

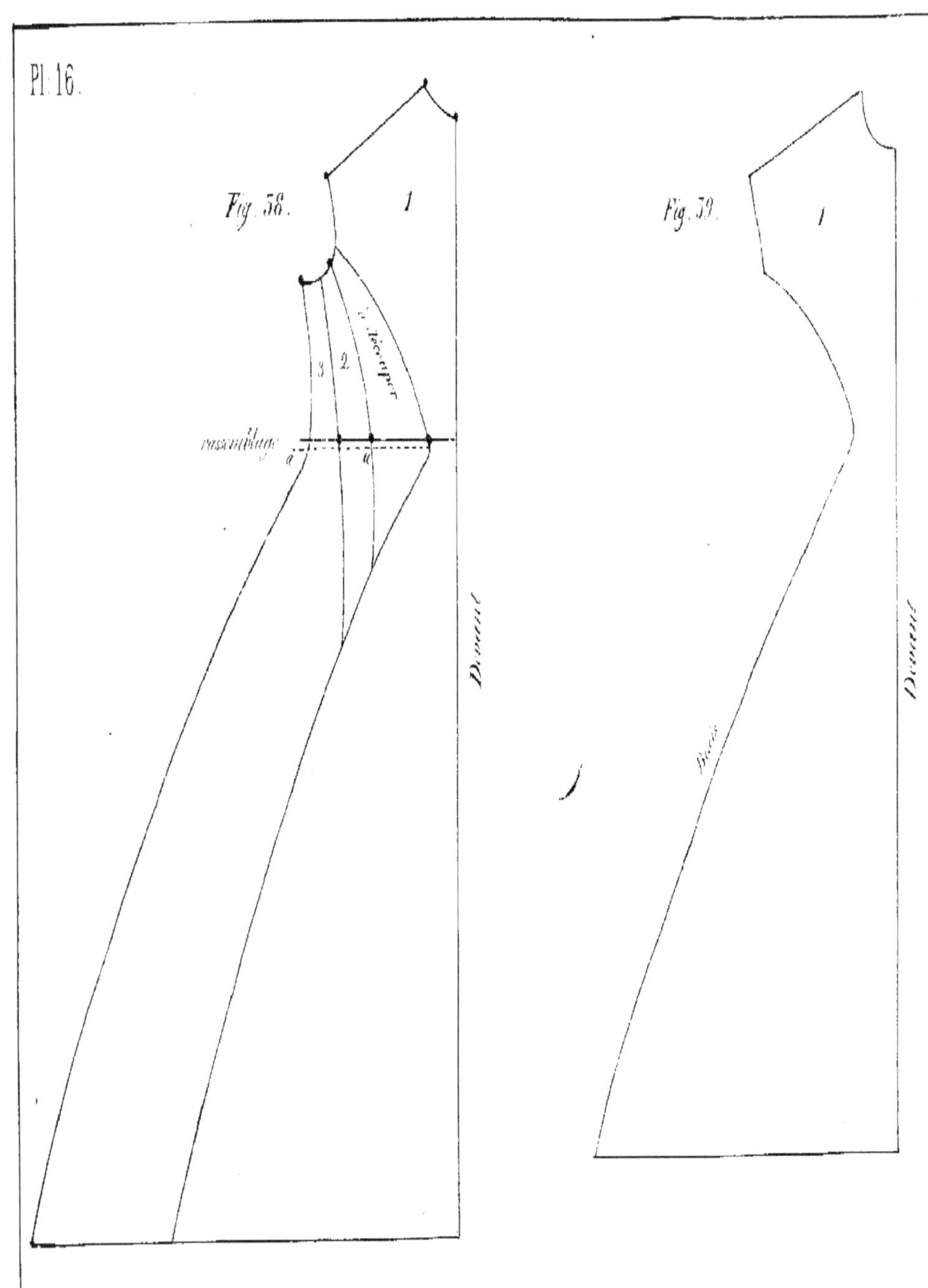
Pl. 16.
Fig. 58.
1
3
2
rassemblage
a
a
Devant
Fig. 59.
1
Devant

Pl 17

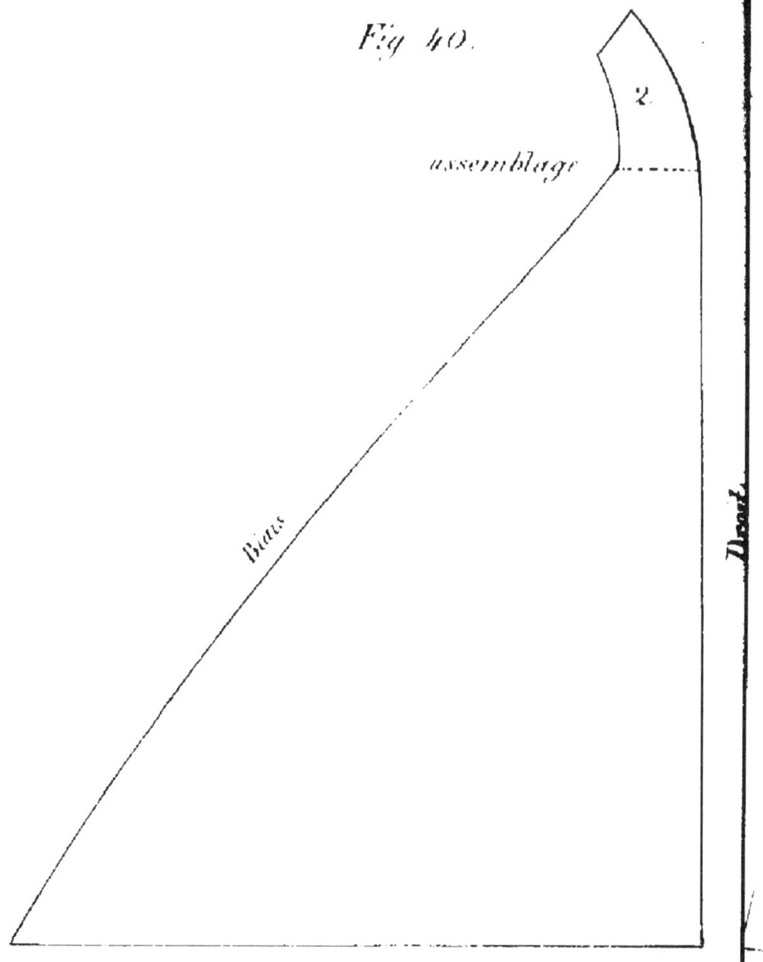

Fig 40.

2

assemblage

Biais

Droit

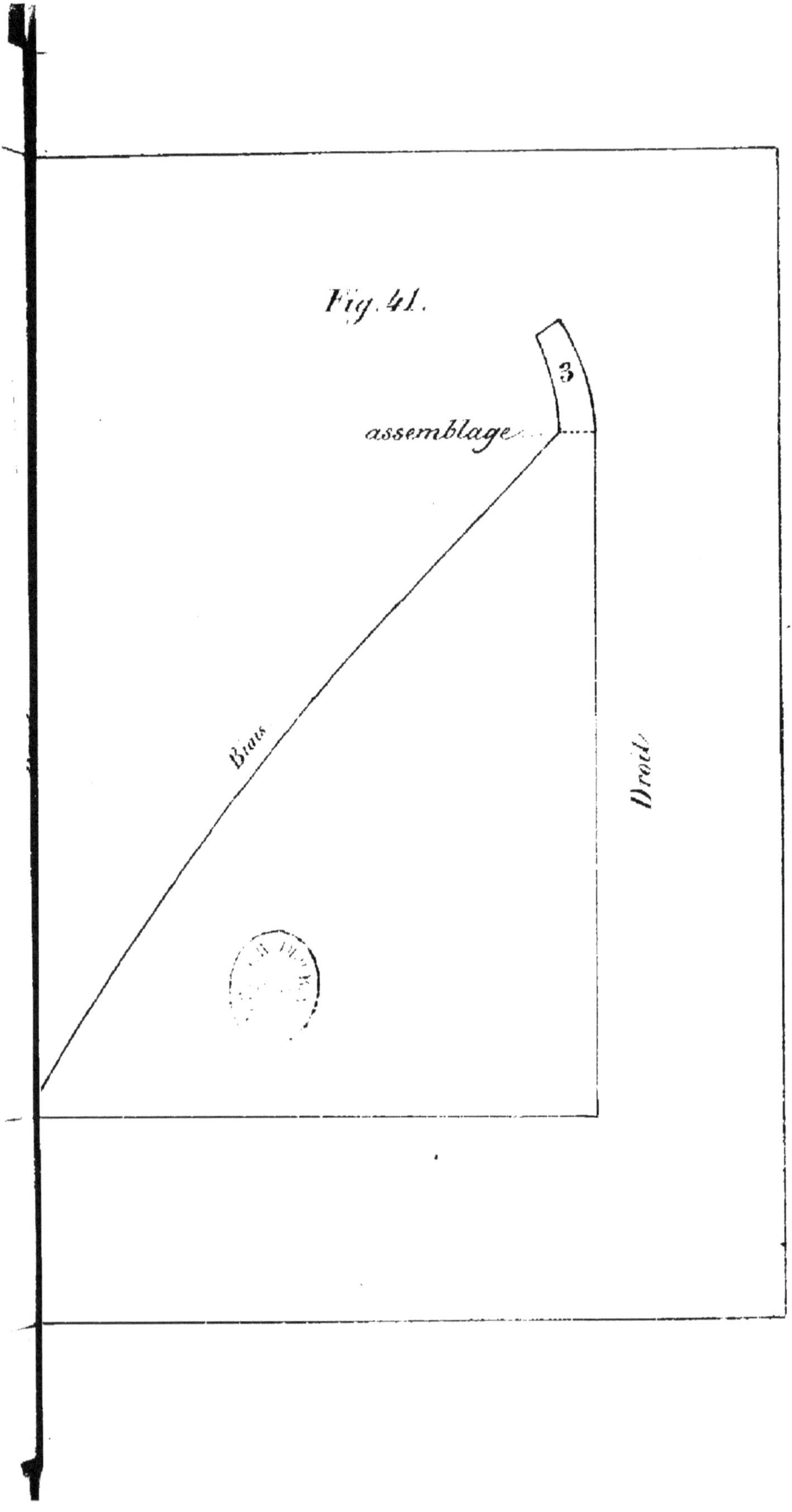

Fig. 41.

3

assemblage

Biais

Droit

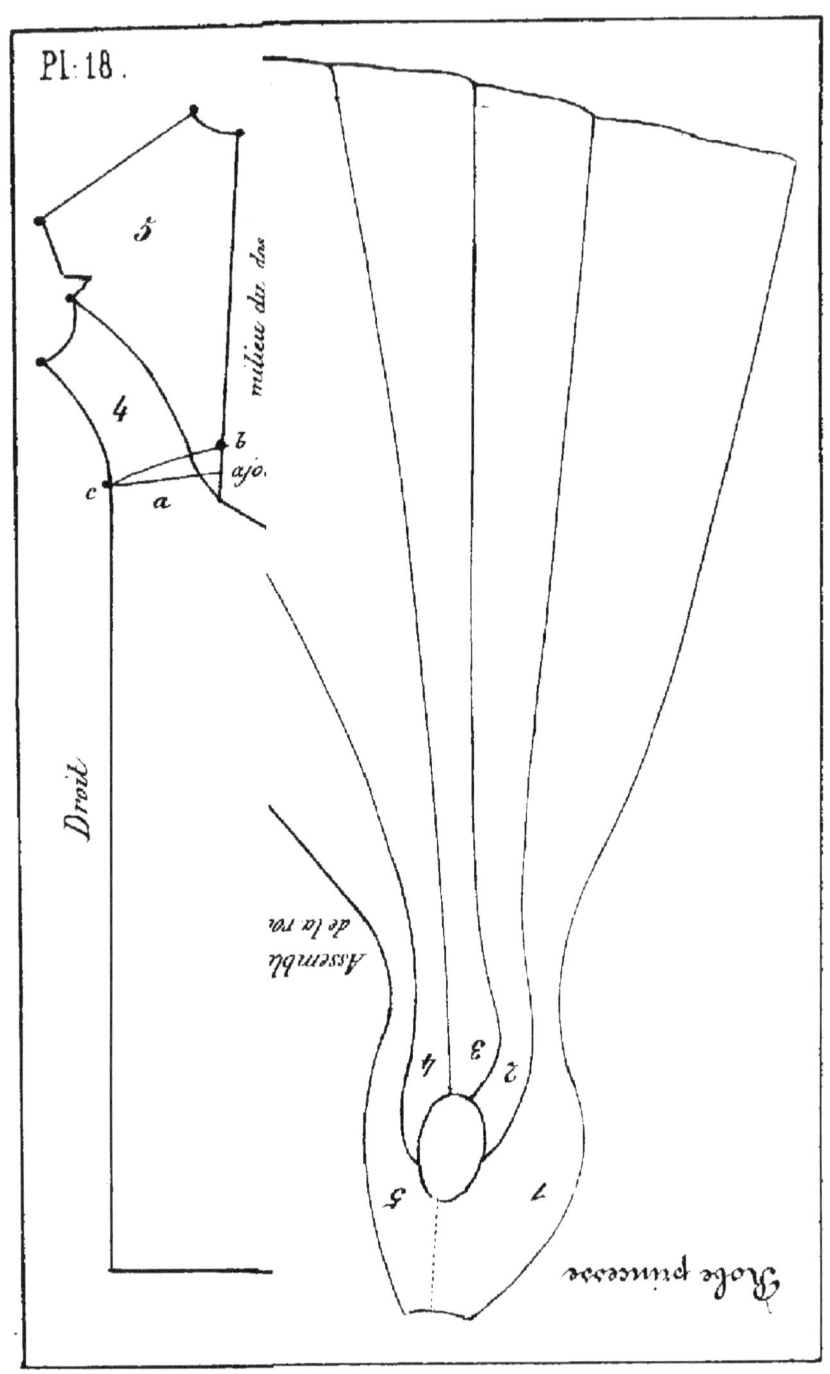

Pl. 18.
5
milieu du dos
4
b
ajo.
c
a
Droit
Assembl
de la ro
4
3
2
5
1
Robe princesse

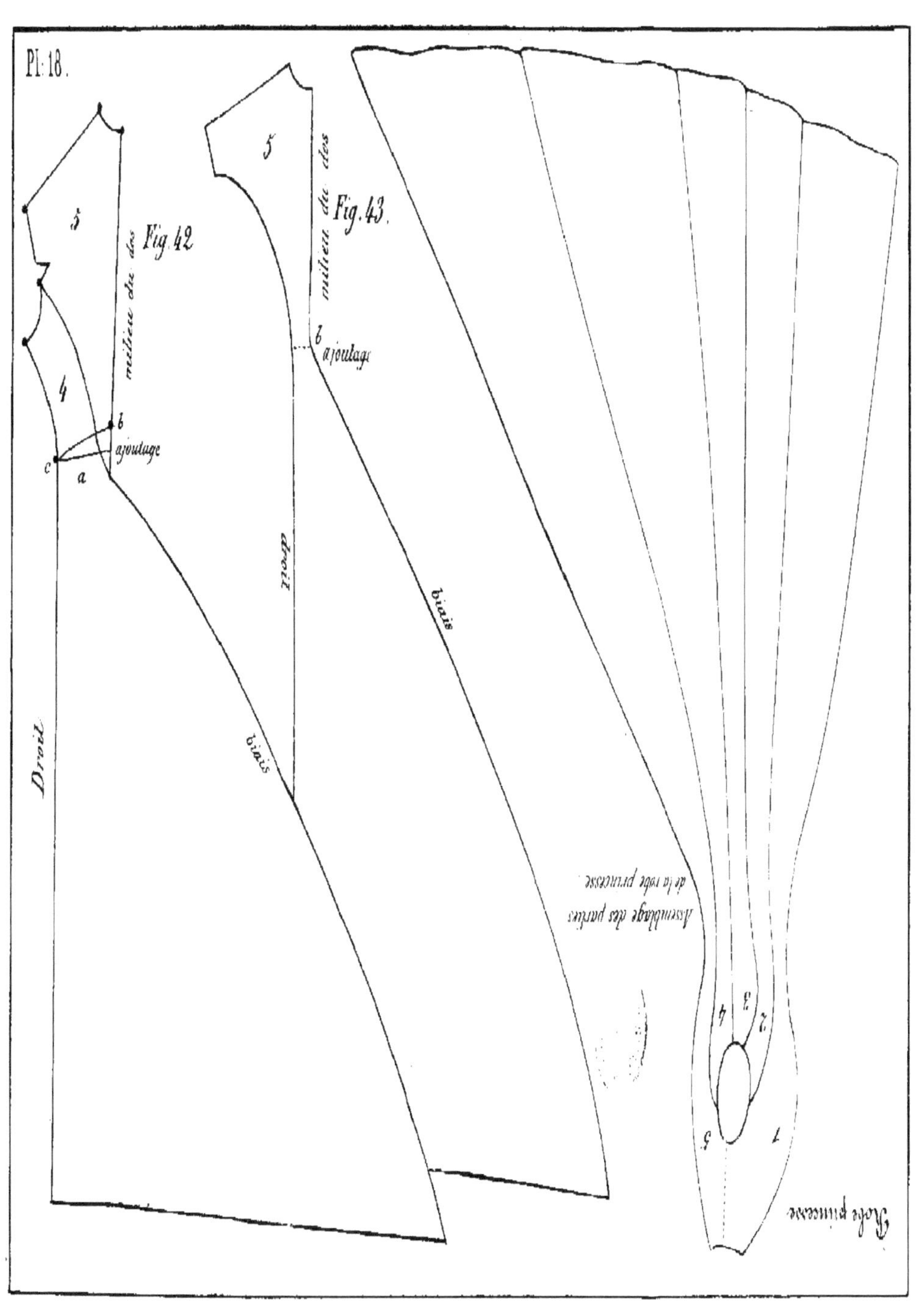

Pl. 18.
Fig. 42
5
4
milieu du dos
b
ajoutage
c
a
Droit
biais
Fig. 43.
5
milieu du dos
b
ajoutage
droit
biais
Assemblage des parties de la robe princesse
1
2
3
4
5
Robe princesse

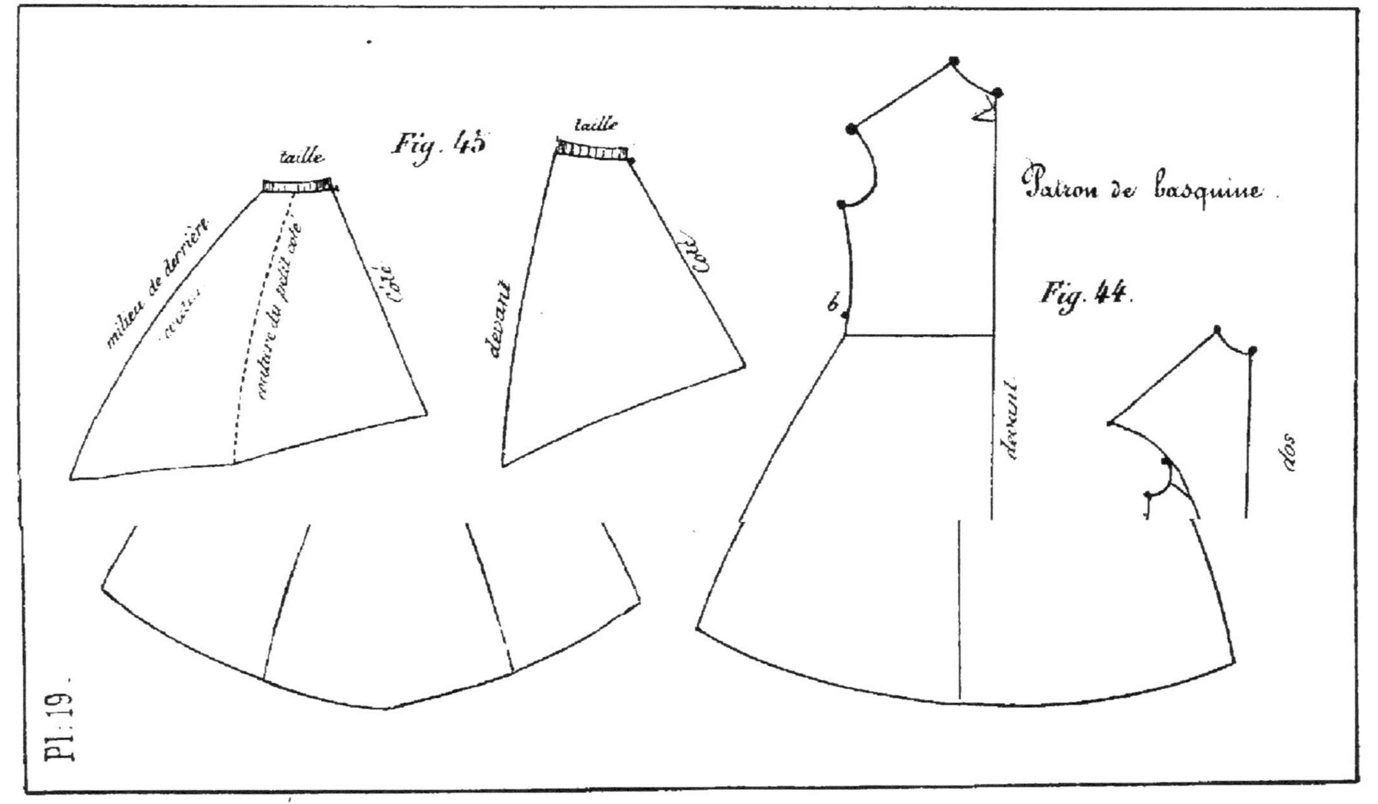
Fig. 45
taille
milieu de derrière
couture du petit côté
Côté
taille
devant
Côté
Patron de basquine.
Fig. 44.
b
devant
dos
Pl: 19.

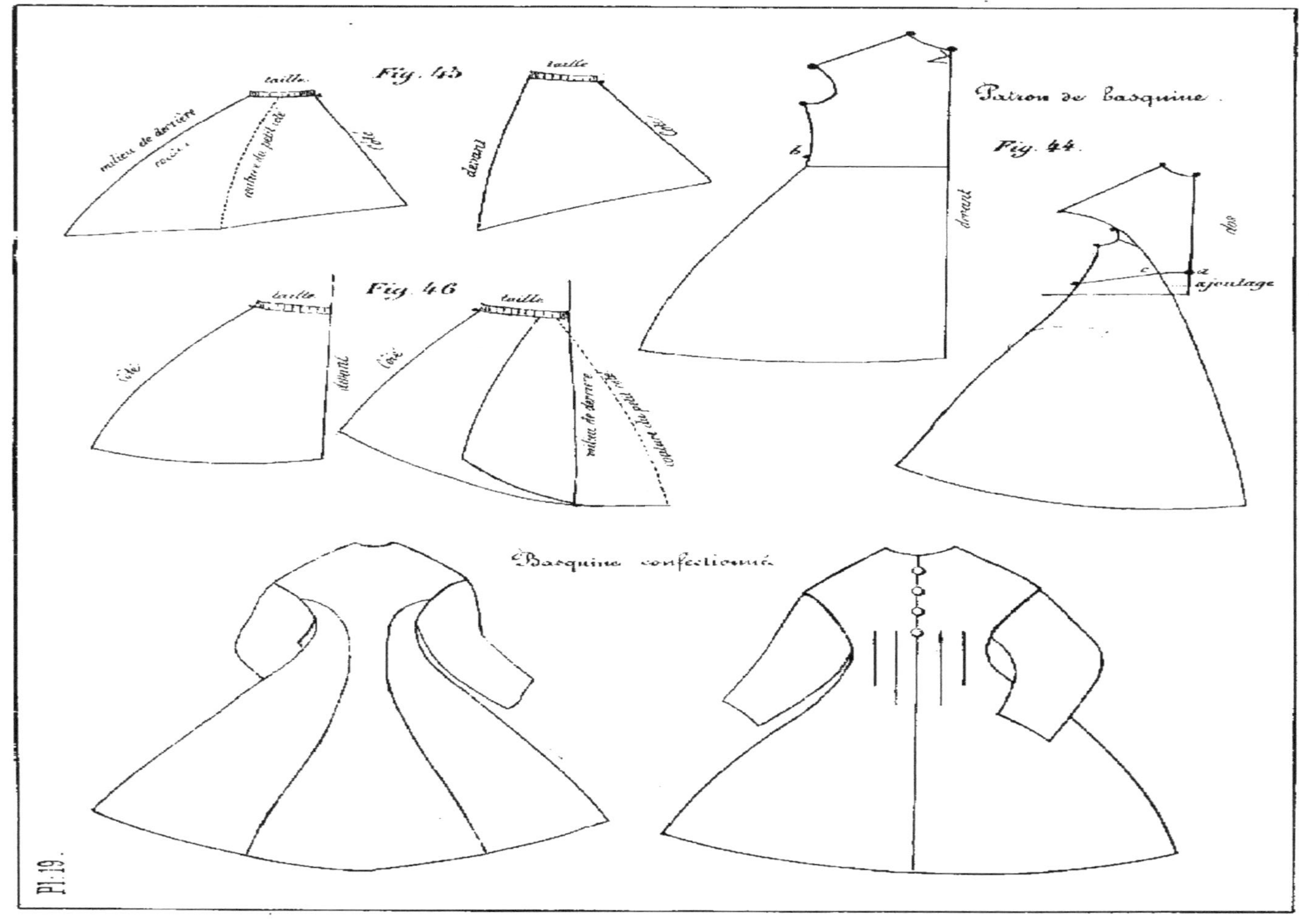

Pl. 19.
Fig. 45
taille
milieu de derrière
couture du petit côté
côté
devant
Patron de basquine.
Fig. 44.
b
devant
dos
a
c
ajoutage
Fig. 46
taille
côté
devant
milieu de derrière
couture du petit côté
Basquine confectionné

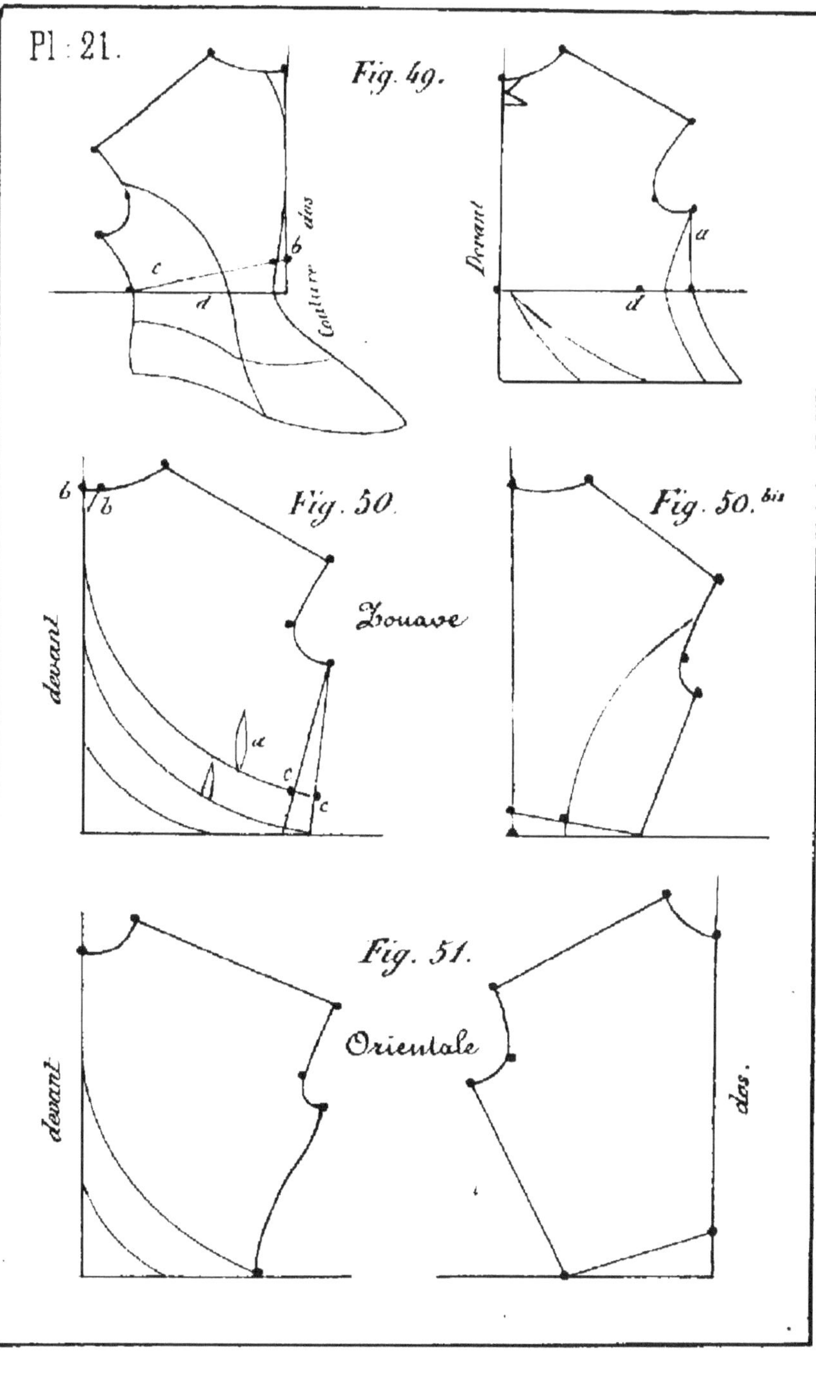
Pl : 21.
Fig. 49.
dos
b
c
d
Couture
Devant
a
d
b
/b
Fig. 50.
Zouave
devant
a
c
c
Fig. 50. bis
Fig. 51.
Orientale
devant
dos.

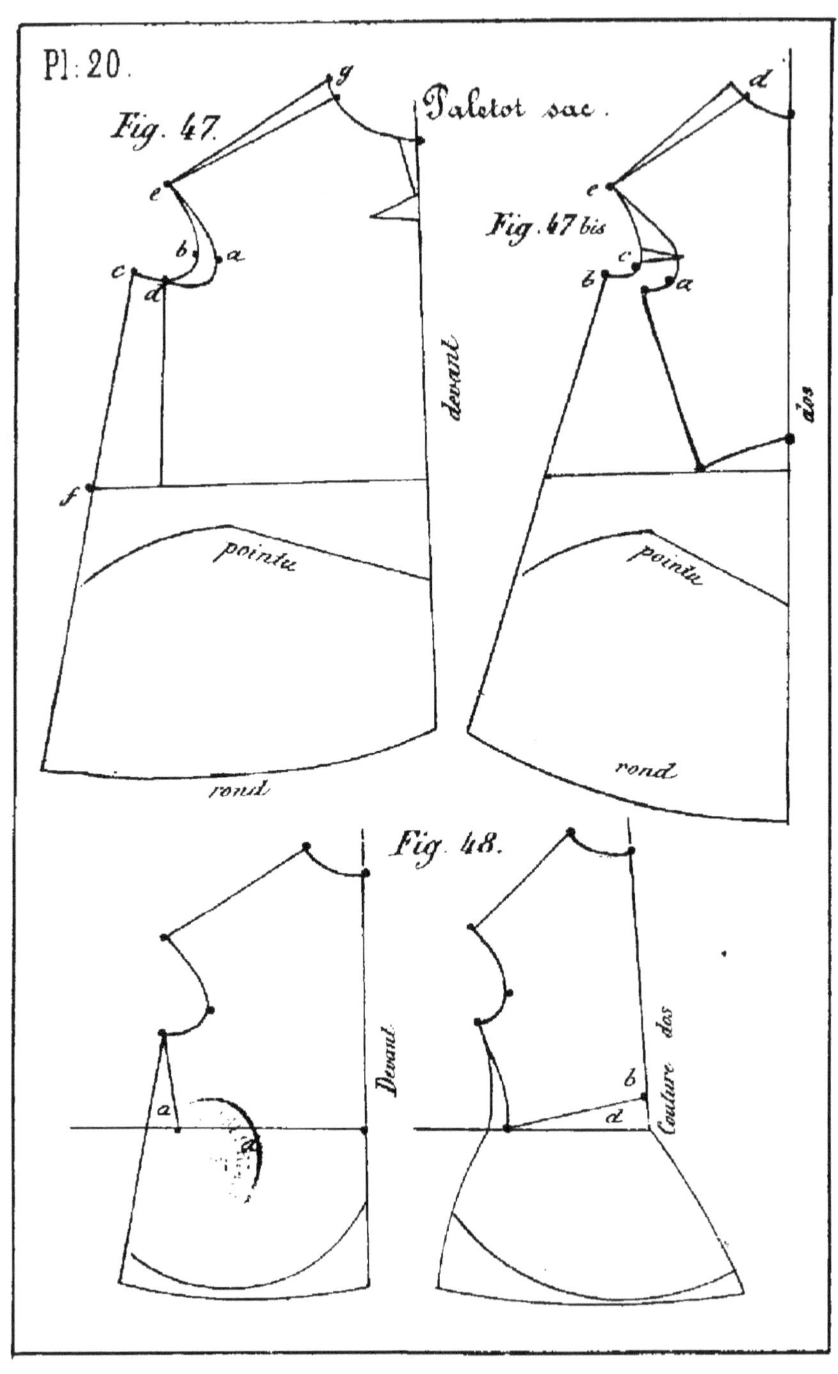
Pl: 20.
Paletot sac.
Fig. 47.
g
e
b
a
c
d
f
devant
pointu
rond
Fig. 47 bis
d
e
c
b
a
dos
pointu
rond
Fig. 48.
Devant
a
b
d
Couture dos

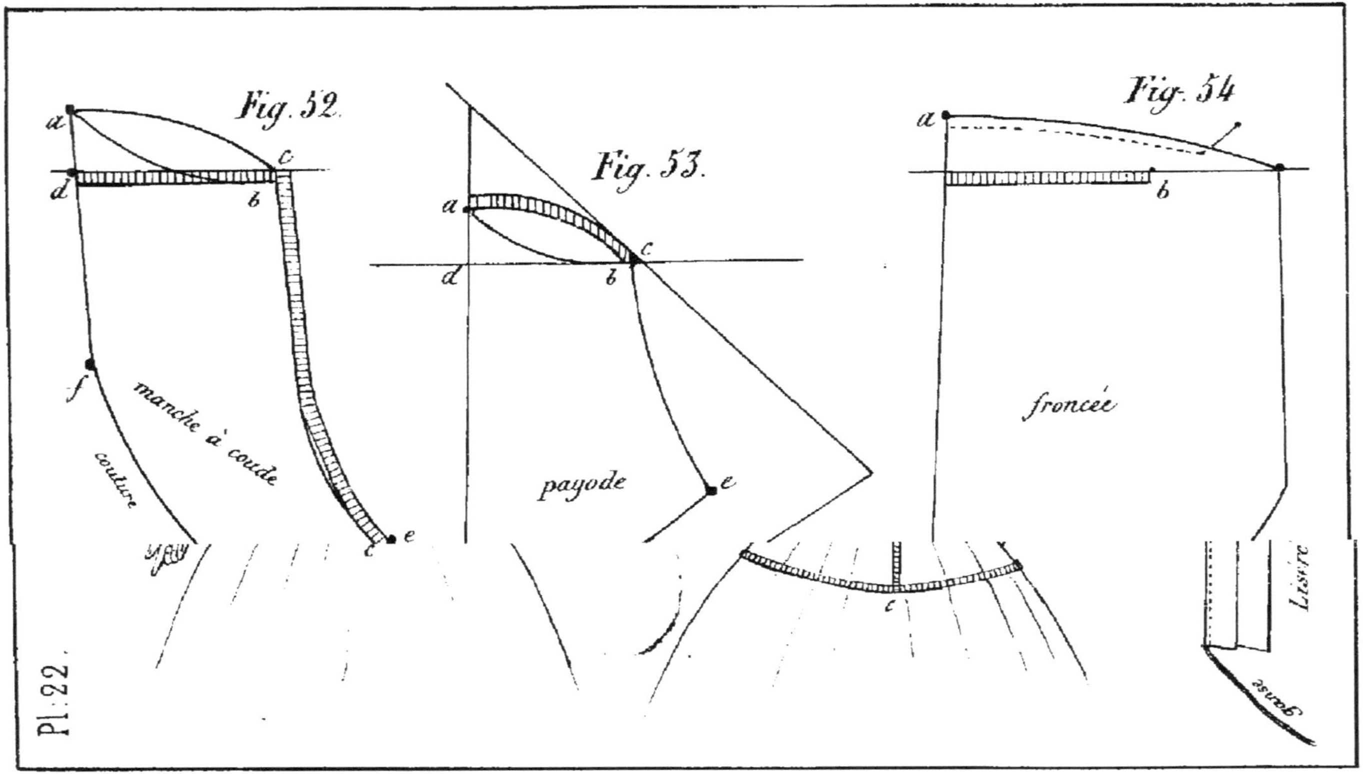

Pl: 22.

Fig. 52.

manche à coude

couture

Fig. 53.

payode

Fig. 54

froncée

Lisère

ganse

Lith. F. Greshost à Strasbourg.

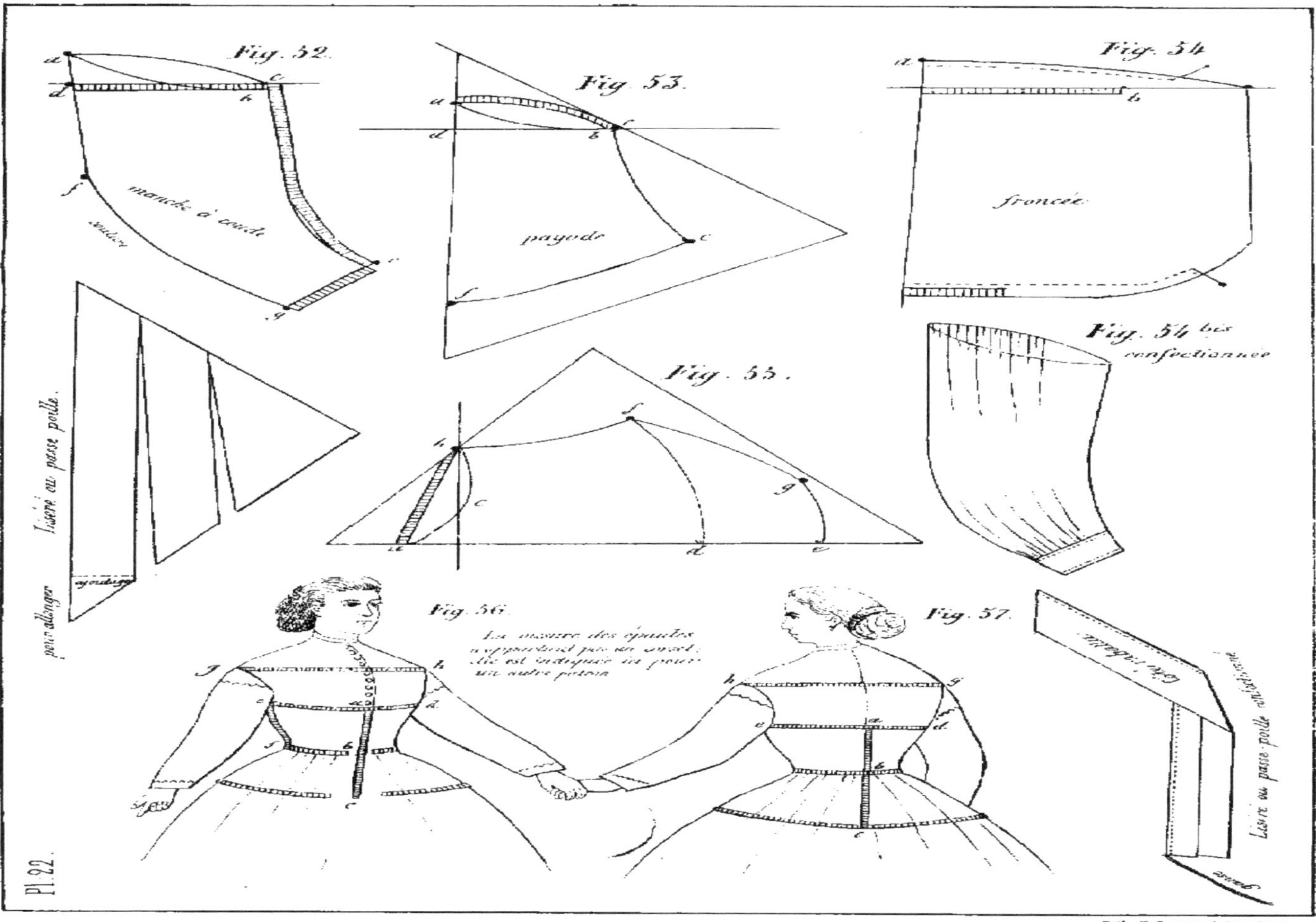

Fig. 52.
manche à coude
Fig. 53.
pagode
Fig. 54
froncée
Fig. 54 bis
confectionnée
Fig. 55.
Liséré ou passe poille.
pour allonger
Fig. 56.
Fig. 57.
Lisere ou passe-poille confectionné
Pl. 22.

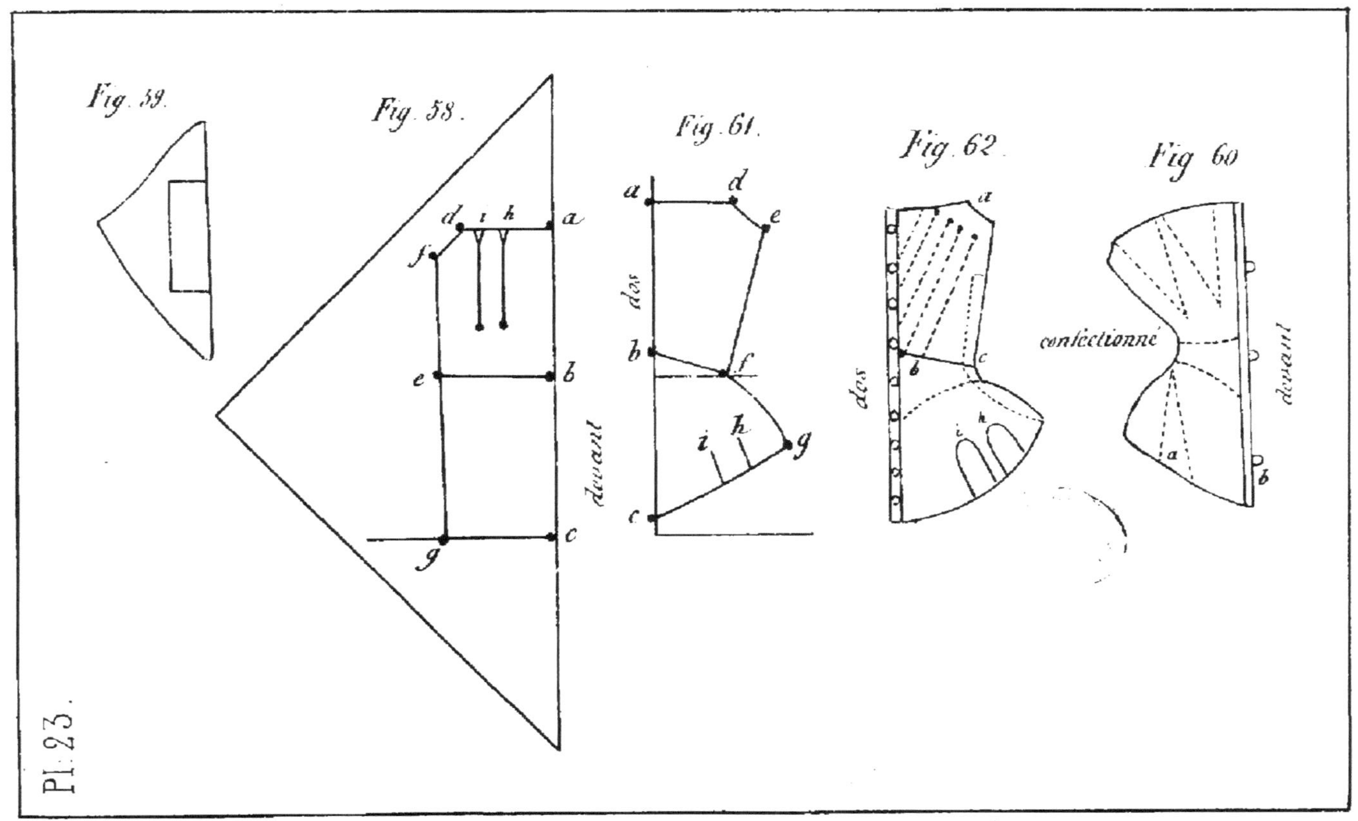
Pl. 23.
Fig. 59.
Fig. 58.
devant
Fig. 61.
dos
Fig. 62.
dos
Fig 60
confectionné
devant

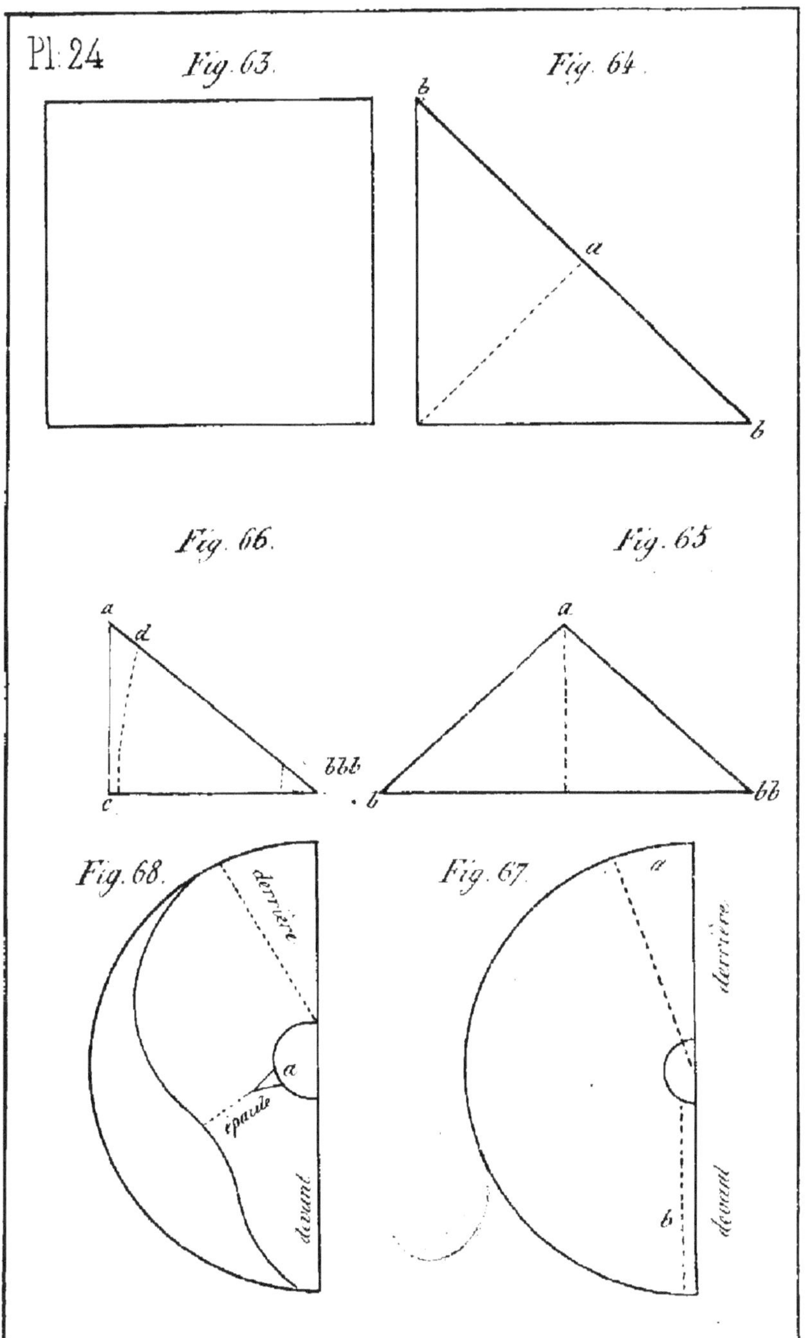
Pl. 24
Fig. 63.
Fig. 64.
b
a
b
Fig. 66.
a
d
bbb
c
Fig. 65
a
b
bb
Fig. 68.
derrière
a
épaule
devant
Fig. 67.
a
derrière
devant
b

Pl: 25.

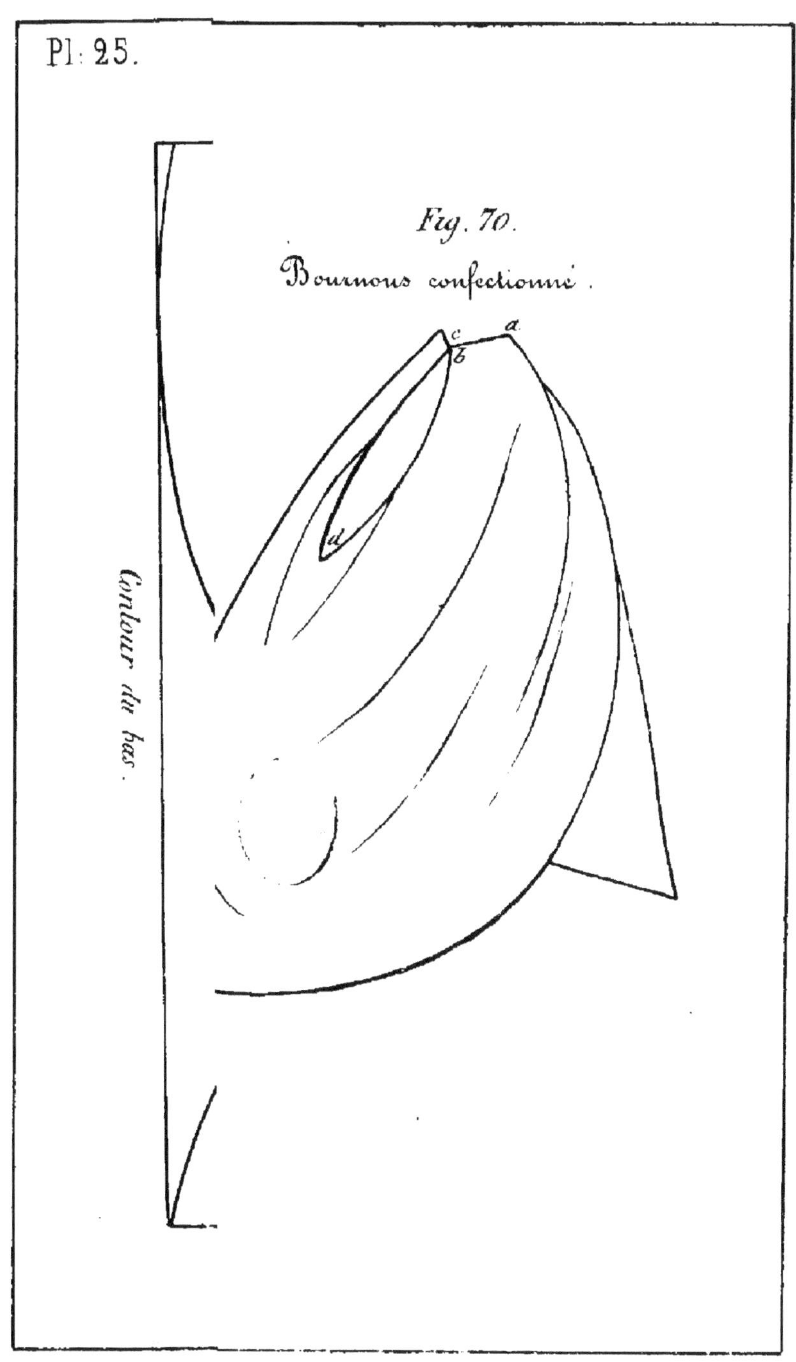

Fig. 70.

Bournous confectionné.

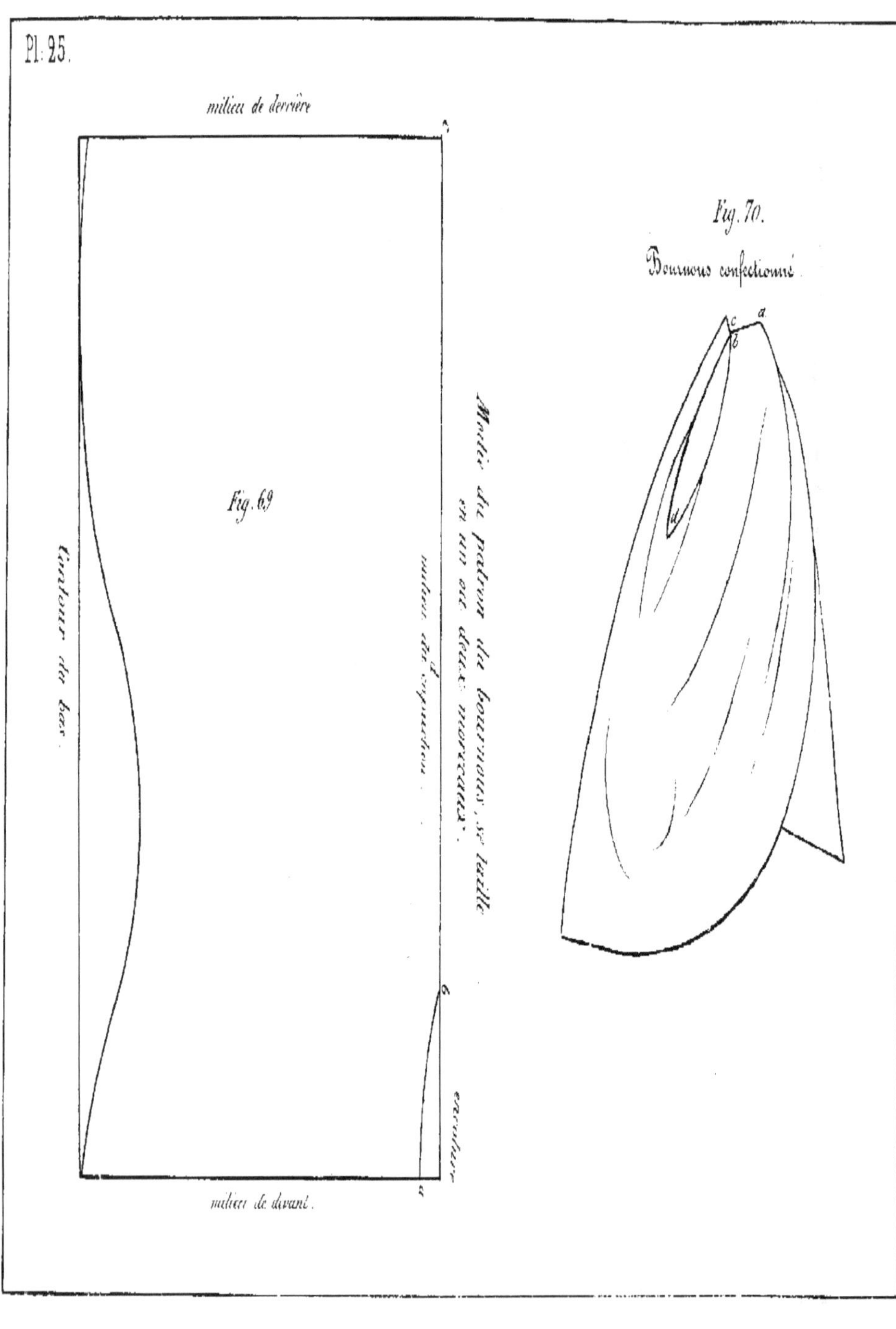
Pl. 25.
milieu de derrière
Fig. 69
Contour du bas.
milieu du capuchon
Moitié du patron du bournous, se taille
en un ou deux morceaux.
encolure
milieu de devant.
Fig. 70.
Bournous confectionné.

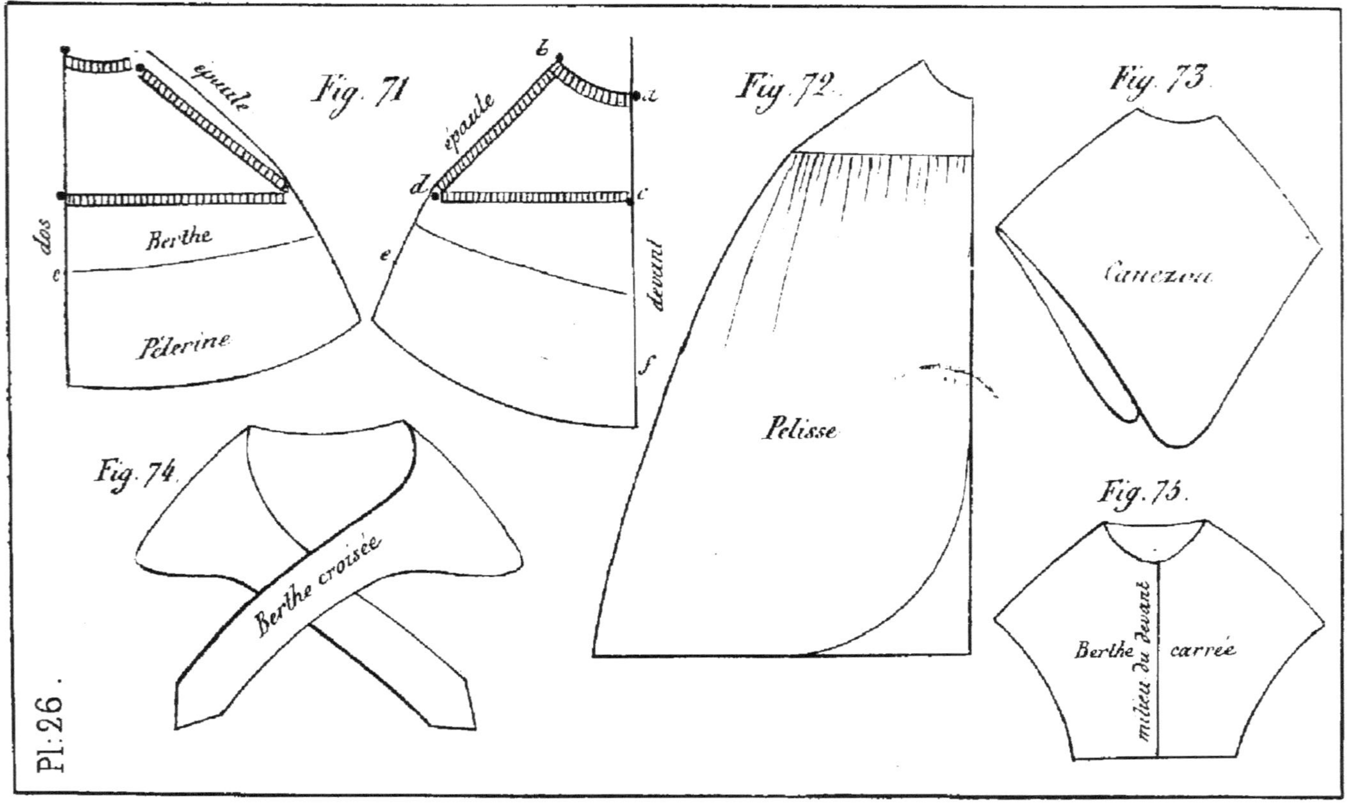
Pl: 26.
Fig. 71
dos
épaule
Berthe
Pèlerine
épaule
devant
Fig. 72.
Pelisse
Fig. 73.
Canezou
Fig. 74.
Berthe croisée
Fig. 75.
Berthe
milieu du devant
carrée

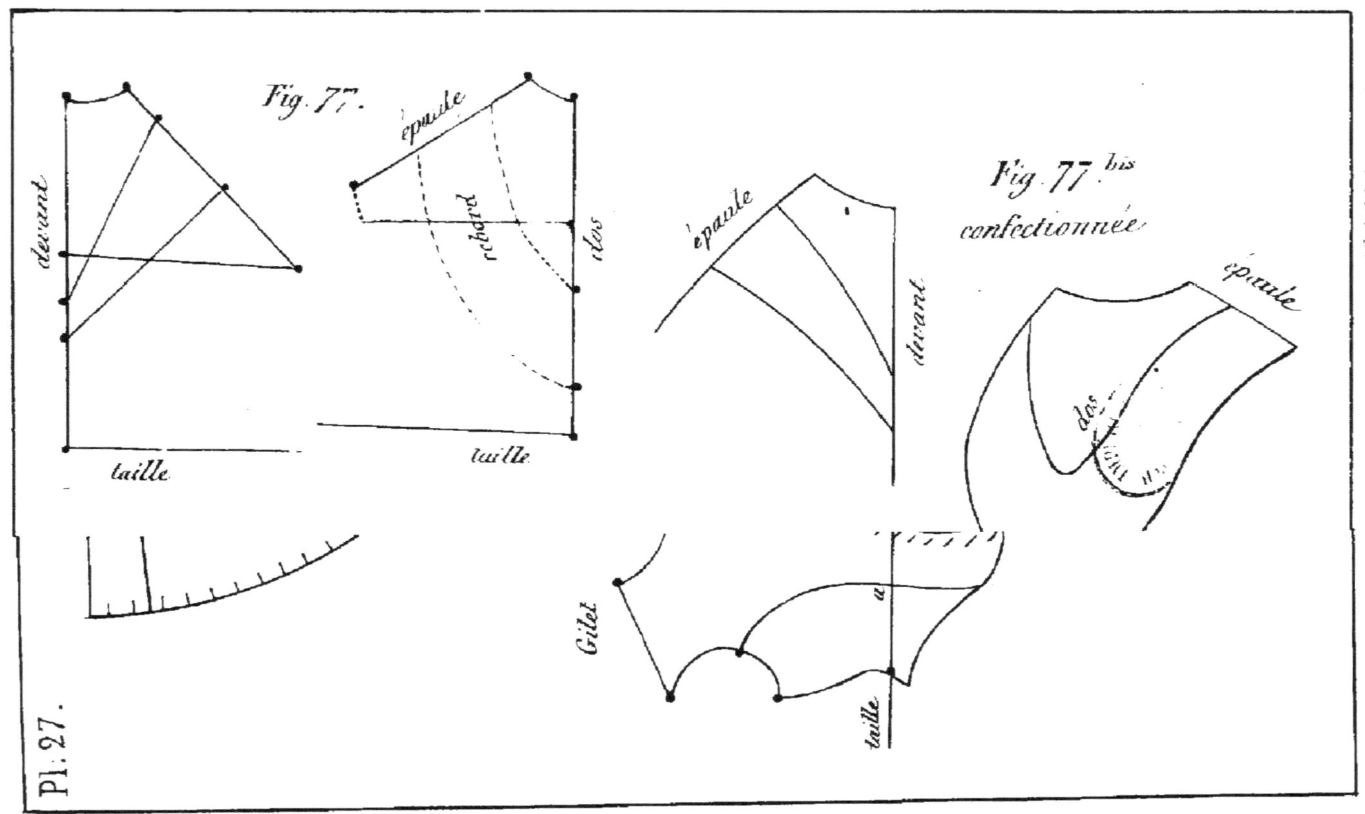

Fig. 77.
devant
taille
épaule
rebord
dos
taille
épaule
devant
Fig. 77 bis
confectionnée
épaule
dos
Gilet
a
taille
Pl: 27.

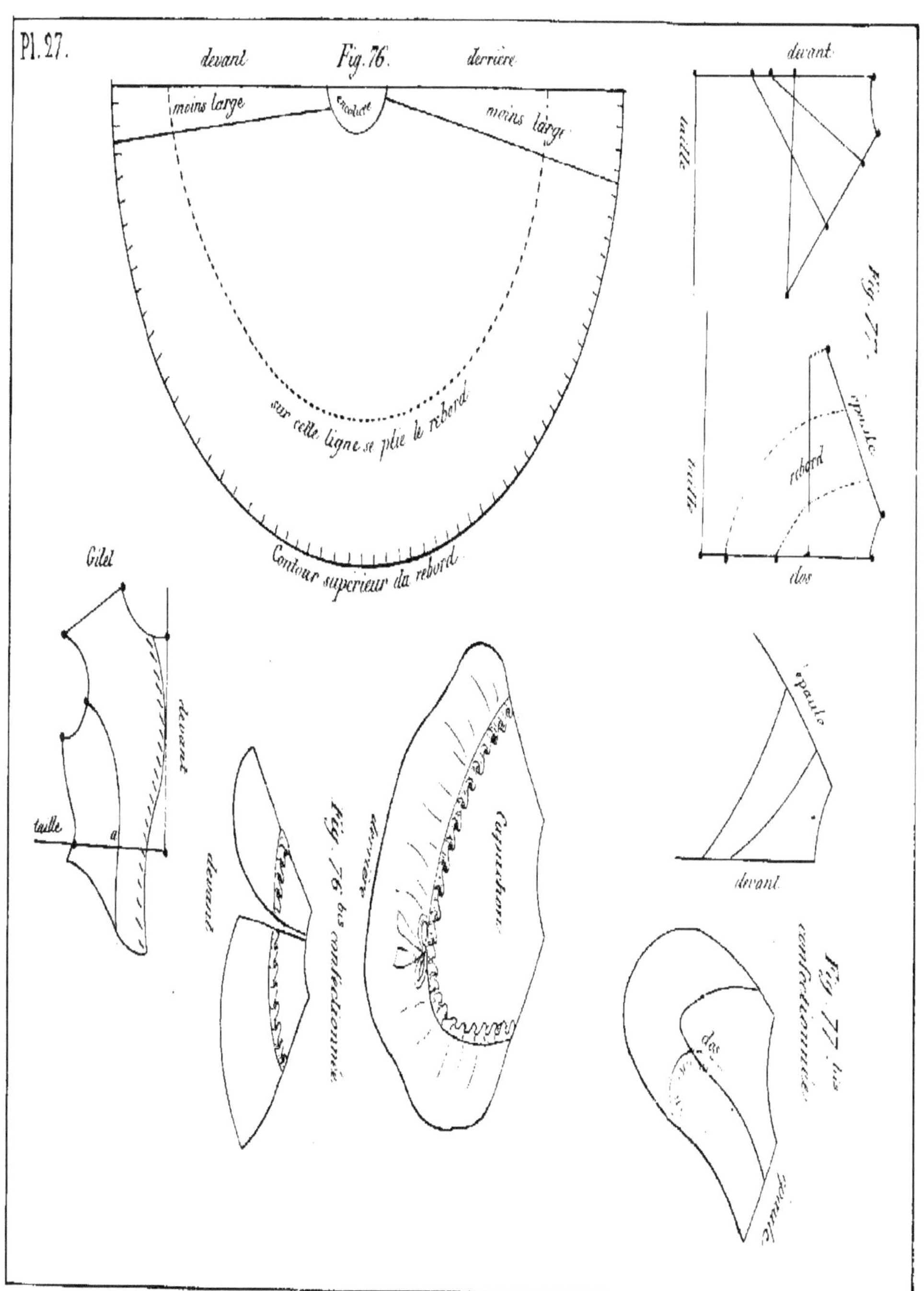
Pl. 27.
Fig. 76.
devant
derrière
moins large
encolure
moins large
sur cette ligne se plie le rebord
Contour supérieur du rebord
devant
taille
Fig. 77.
taille
épaule
rebord
dos
Gilet
devant
taille
a
devant
Fig. 76 bis confectionné
derrière
Capuchon
épaule
devant
Fig. 77 bis confectionnée
dos
épaule

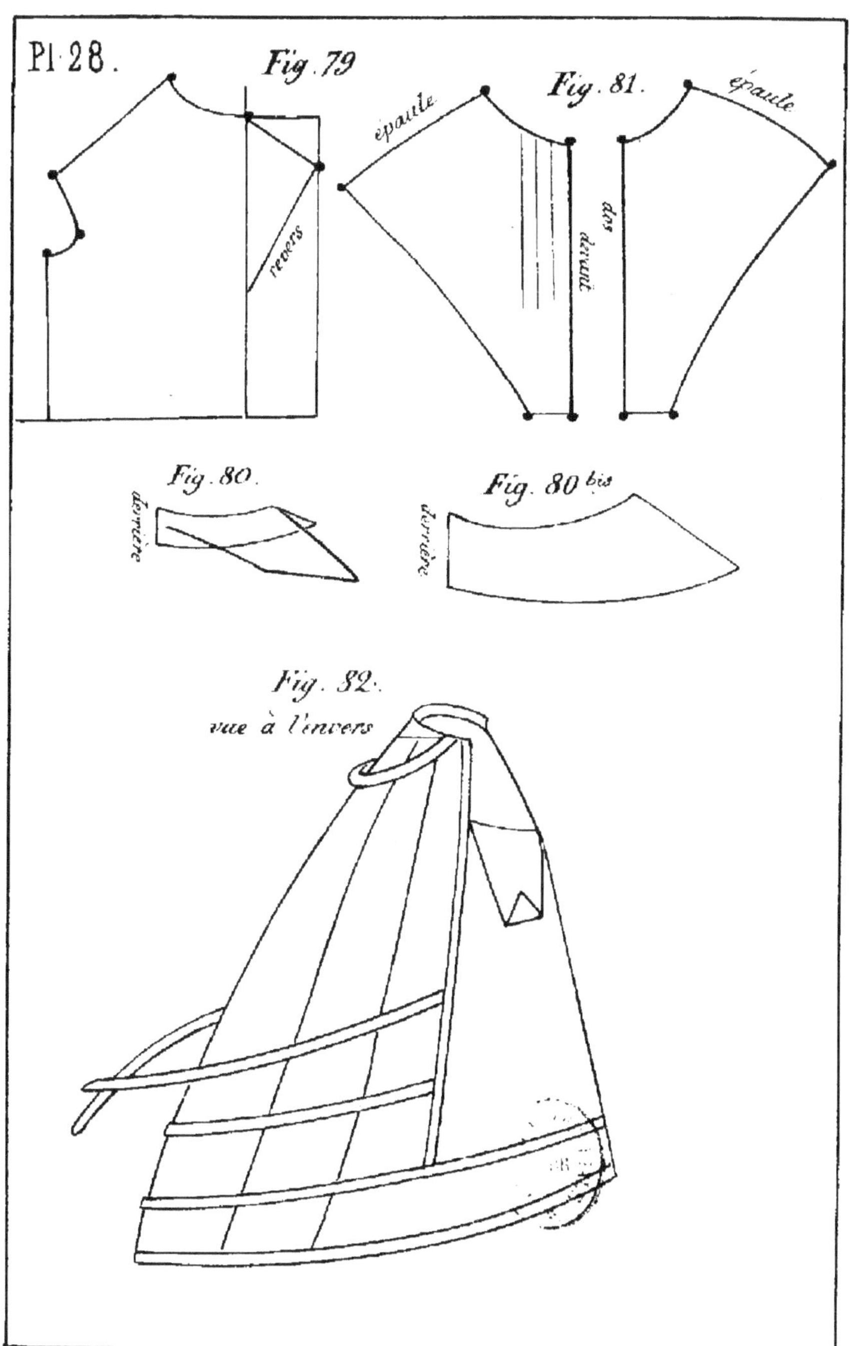
Pl. 28.
Fig. 79
revers
Fig. 81.
épaule
épaule
dos
devant
Fig. 80.
derrière
Fig. 80 bis
derrière
Fig. 82.
vue à l'envers

www.ingramcontent.com/pod-product-compliance
Lightning Source LLC
LaVergne TN
LVHW020028170826
845678LV00001B/169

* 9 7 8 2 3 2 9 7 5 3 8 0 5 *